KB245776

OMG 잉글리쉬

초판 인쇄 2011년 7월 20일
초판1쇄 발행 2011년 7월 25일

지은이   고일영, 고인혜
펴낸이   진성옥, 오광수
펴낸곳   도서출판 꿈과희망
출판등록   제1-3077호

서울특별시 용산구 원효로 1가 112-4
디아뜨센트럴 217호
전화 02) 2681·2832
H. page www.dreamnhope.co.kr

잘못된 책은 바꿔 드립니다.

※ 책값은 뒤표지에 있습니다.
ISBN98-978-89-94648-13-2   13740
COPYRIGHT ⓒ 2011 by 고일영, 고인혜

잉글리쉬

고일영, 고인혜 공저

꿈과 희망

Special thanks to ;

• 편집 / **OMⅡ** Apple Design
풀 031.611.5397 • 일러스트 / 고요한 • 편집고문 / 이원규

Preface

내 강의에 대한 수강생들의 반응은 수업이 '드라마틱' (Dramatic)하다는 것이다. 연극을 전공해 현란한 동작도 한몫 하고 있지만 무엇보다도 영어 문장 하나하나에 맛깔스런 스토리로 잘 버무려 내놓기 때문이라는 것이다.

저명한 선생의 영어책을 재미있게 읽었다는 어느 사람은 막상 그분의 강의를 들어보니 '별로더라'며 크게 실망했다고 한다. 나는 이 책을 엮으면서 그러한 인식을 깨 '고일영 선생과 줄리 선생은 강의도 좋지만 책은 더욱 재미있고 유익하다' 란 평가를 받고 싶다.

나는 독자 여러분이 이 책을 읽으면서 이런 탄성이 연신 터져나오길 기대한다.

'오 마이 갓' (Oh! my god!)

이렇게 쉽게 배울 수 있었는데 나는 왜 그 먼 곳을 돌아서 왔을까 …

한여름, 무더위를 식혀주는 시원한 바람처럼 이 책을 읽기만 하여도 여러분들의 답답한 가슴이 뻥 뚫렸으면 좋겠다.

저자 고일영

Characters

01. 잘 지내니? How's it going?
02. 성의 철자는 어떻게 되죠?
    How do you spell your last name?
03. 오랜만이야 Long time no see.
04. 할머니께 안부 좀 전해 줘
    Give my love to your grandma.
05. 여기서 만나다니
    Fancy meeting you here!
06. 언제 한번 보자
    Let's get together sometimes.
07. 전에 만난 적 있지요
    Have we met before?
08. 잘가세요 Take care.
09. 수고하세요 Hang in there.
10. 연락하세요 Let's keep in touch.
11. 아주 좋아요 It couldn't be better.
12. 널 그리워할 거야 I'll miss you.
13. 지나에게 말씀 많이 들었어요
    I've heard a lot about you from Jina.
14. 만나서 점심먹자
    Let's meet for lunch.
15. 그게 뭔가에 따라서서
    It depends on what it is.
16. 그럴 생각 없었어
    I didn't mean that.
17. 무슨일이야? What's the matter?
18. 자 봐 이렇게 해 Look! Like this.
19. 괜찮아요 No, thank you.
20. 어서해 Go ahead.
21. 이거면 되겠니? Will this do?
22. 침착해 Take it easy!

23. 좋아요 좋아 That sounds good.
24. 천천히 해 Take your time.
25. 저와 얘기 좀 할 수 있을까요?
    Can I talk to you?
26. 왜, 뭐 때문에? What for?
27. 그래서? So what?
28. 절 오해하지마세요
    Don't get me wrong.
29. 저 실례합니다 Excuse me.
30. 괜찮아? Are you Okay?
31. 뭐라구요? Pardon.
32. 상관마세요 None of your business.
33. 정말 죄송합니다 I'm terribly sorry.
34. 정말 안 됐다 That's too bad.
35. 오늘이 무슨 요일이야?
    What day is it today?
36. 더 필요한 것 없으세요?
    Is everything all right?
37. 좀 드세요 Help yourself.
38. 각자 계산하자 Let's go Dutch.
39. 아침 다 됐어 Breakfast is ready.
40. 주문하시겠어요?
    Are you ready to order?
41. 윌리랑 통화 가능해요?
    May I speak to Willy?
42. 톰 지금 없는데요 Tom is not now.
43. 그는 곧 돌아올 겁니다
    He'll be back soon.
44. 십분 후에 전화할게
    I'll get back to you in ten minutes.
45. 전화 좀 사용해도 될까요?
    May I use your phone?
46. 잔돈 넣어두세요
    Keep the change.
47. 얼마나 걸릴까요?

등장하는 문장들

Characters

등장하는 문장들

16. 천천히 하세요 Slow down.
17. 그만해 하지 마! Don't do that.
18. 숙제는 다했어?
    Did you do your homework?
19. 컴퓨터 좀 꺼라!
    Turn off your computer.
20. 힘내! Cheer up!
21. 잘했어 You did a good job.
22. 행운을 빌게 Good luck to you!
23. 이건 어떻게 발음해요?
    How do you pronounce this?
24. 텔레비전 그만!
    No more television.
25. 난 네가 정말 자랑스러워
    I'm so proud of you.
26. 많으면 많을수록 좋다
    The more the better.
27. 변기 물 좀 내려!
    Don't forget to flush the toilet.
28. 영어 할 줄 알아요?
    Do you speak English?
29. 말만 해봐 You name it.
30. 누가 제니야?
    Which one is Jenny?
31. 바로 그거야! That's it.
32. 창피한 줄 알아라! Shame on you.
33. 너 그러면 안 돼!
    You shouldn't do that.
34. 이게 작동이 잘 안 되네
    It doesn't work.
35. 넌 뭐가 되고 싶니?
    What do you want to be?
36. 그건 변명거리가 안 돼
    That's no excuse.
37. 엄마가 반대하셔
    My mom is against it.

38. 내가 보증할게
    I give you my word.
39. 내가 방법을 알려주지
    I will teach you how.
40. 저도요 Same here.
41. 왜 이렇게 오래 걸려?
    What took you so long?
42. 신경 쓰지 마세요 Never mind.
43. 낸들 알수 있나 I wish I knew.
44. 베터리가 나갔어
    My battery is dead.
45. 잠 잘 잤니? Did you sleep well?
46. 알겠어요 I got it.
47. 거기 어떻게 가?
    How do I get to there?
48. 부탁이 있는데요?
    Would you do me a favor?
49. 어느 것을 원하세요? Which one?
50. 전 지금 다이어트 중이에요
    I'm on a diet.
51. 어떻게 신청하죠?
    How can I sign up?
52. 월요일까지는 해야 해
    It's due on Monday.
53. 이건 무슨 색이야?
    What color is this?
54. 무슨 말이야?
    What does it mean?
55. 배불러 죽겠어
    I'm so stuffed.

'한 번만 봐 달라' 는 표현은
Look at me once. 란 콩글리쉬가 아니라
Give me a break, will you?

1

나는 이 말을 처음 영어로 들었을 때 굉장한 오해를 하였다.

만나자마자 '집'은 무엇이고 '어딜 간다'는 말은 또 무엇이란 말인가? 하여튼 문자의 세계에만 머물러 있던 그때에는 '하우즈 잇 고우잉'을 듣고 그 뜻을 금방 떠올릴 수가 없었다.

이런 나의 첫 경험은 지금 내게 영어를 배우고 있는 학생, 주부, 직장인들도 모두가 똑같이 느끼고 있다고 하니 사람들의 생각이란 다 그만그만한 것인가 보다.

사람들과 만났을 때 눈빛만으로 전하는 인사로는 나의 관심과 예의를 다 보여주었다고 하기에 다소 미약하지 않겠는가? 다양하게 오늘은 이렇게, 내일은 저렇게 인사를 하기 위해서가 아니다. 상대방이 하는 말을 제대로 이해하기 위해서는 이런 인사법도 알아두면 약이 될 것이다.

01

하우즈 잇 고우잉
How's it going?

잘 지내니?

How's it going?
하우즈   잇   고우잉

A : How's it going, Irene?
B : Fine, thank you. And you?
A : I am fine, too. Oh, that's a nice dress.
A : Thanks.

A : 아이린, 잘 지내지?
B : 응. 너는?
A : 나도. 오우, 옷 멋지네.
B : 고마워.

How's it going? 요즘 어때?(발음이 집, 하우스와 비슷하니 조심) 비슷한 표현으로 How's everything?, How are things with you? 등이 있음

철자와 발음이 따로 노는 영어에서 성(last name)은 분명하게 할 필요가 있다.

1981년 레이건(Reagan)이 미국 대통령이 된 후 한동안 미국에서도 '리건'과 '레이건'이란 발음으로 우왕좌왕하던 때가 있었다. 게다가 당시 재무장관이 도날드 리건(Regan)이었으니 혼란은 더욱 클 수밖에 없었다. 결국 대통령 본인이 자기 성을 '레이건'이라고 불러달라고 해서 소동은 마무리되었지만 새삼 자기를 처음 소개할 때 분명하게 발음해야 한다는 중요성을 그때 깨달았다.

나의 성은 '고' 씨다. 나는 'Koh'라고 쓰는데, 형과 누나, 그리고 이 책을 나와 함께 공동 집필한 조카까지도 'Ko'라고 한다. 그래서 형은 사람들에게 '저 친구는 내 이복동생'이라며 농담한다.

하우 두 유 스펠 욜 레스트 내임
How do you spell your last name?

한번 들어가면 되나오기 없기, 끝장낼 때까지 참아내기. —나서론—

성의 철자는
어떻게 되죠?

How do you spell your last name?

하우 두 유 스뻴 올 레스트

내임

A : Your name?
B : My name is Hye-won Koh.
A : How do you spell your last name?
B : It's K-O-H.

A : 넌 이름은 뭐니?
B : 고혜원이에요.
B : 성 철자는 어떻게 되는데?
A : K-O-H.

John F. Kennedy의 John은 first name이름, F는 middle initial 미들이니셜: 중간이름의 약자, Kennedy는 last name성, last name=surname

고교 동창으로부터 전화가 왔다.

회사로 찾아오겠다기에 '그럼 점심이나 함께하자' 고 했다. 사실 같은 문과반에 있었지만 교류가 깊었던 사이가 아니라서 조금 부담이 되었다. 시간에 딱 맞춰 찾아온 동창은 매우 반갑다는 듯 포옹까지 하며 인사를 했다.

"오랜만이다, 친구"(Long time no see!)

그뿐 아니라 묻지도 않은 다른 동창들의 근황까지도 줄줄이 늘어놓더니 '미래를 위한 투자는 하고 있느냐' 고 묻는 것이었다.

"하루 벌어 하루 먹고 살기에도 힘든 판에 미래 투자까지?"

그는 가방을 열더니 두툼한 설명서를 꺼냈다. 여윳돈 투자하면서 그걸 잘 굴려서 많은 이익 배당을 주겠다고 했다.

문득 공자님 말씀 중에 '벗이 먼 곳으로부터 찾아오니 또한 즐겁지 아니한가?' 란 대목이 떠오른다. 오랜만에 만난 친군데 반가움보다는 경계가 되는 현실이 서글프다.

03

롱 타임 노 씨
Long time no see.

한번 들어가면 되나오기 없기, 끝장날 때까지 참아내기. —나시론—

Long time no see.
롱　　　타임　　　노　　　씨

A : Hi, Ed.
B : Long time no see.
A : It's good to see you again.
B : You've changed a lot.

A : 안녕 애드.
B : 오랜만이다.
A : 또 보니까 반가운 걸.
B : 너 많이 변했다.

Long time no talk. 오랜만에 통화하네.　Long time no write. 오랜만에 글을 쓰네.　a lot (of) [어랏오브] 많이

"선생님, 안녕하세요?"

편의점에 들어가니 중학교 내내 우리 학원에 다닌 덕화다. 성적이 좋아 서울에 있는 대학에 입학했다. 입학과 동시에 군대를 다녀와 복학하여 1년을 다녔는데 올해에는 등록금, 기숙사비, 생활비 등을 감당하지 못해 휴학을 했단다. 낮에도 땡처리 의류 판매점까지 찾아 다니고 있지만 과연 내년엔 다시 복학할 수 있을지 걱정이라고 한다.

"할머니는 아직도 골프장에 나가시니?"

어머니를 대신해서 손주의 교육까지 떠맡은 그의 할머니가 떠올랐다. 덕화가 중학 3년을 졸업할 때 워낙 학원비가 많이 밀려서 여러번 연락을 드린 적이 있다. '할머니, 12개월 치 못낸 학원비는 손주가 좋은 대학에 들어간 걸로 상쇄할께요.'

"할머니에게 안부 좀 전해 줘." (Give my love to your grandma.)

기브 마이 러브 투 욜 그랜마
Give my love to your grandma.

할머니께
안부좀 전해 줘

Give my love to your
기브　마이　러브　투　율

grandma.
그래마

A : How's your grandma?
B : She's fine.
A : Give my love to your grandma.
B : I will.

A : 할머니 좀 어떠시냐?
B : 좋으셔.
A : 할머니께 안부 좀 전해 줘라.
B : 그래.

안부 좀 전해 줘는 '나의 사랑을 할머니에게 드려.' 라고 직역(Say hello to your grandma와 같은 의미) **grandma** grandmother의 줄임말

1987년 대선은 '대통령 직선제' 선포로 후끈 달아올랐다.

현직 대통령의 친구이자 집권 여당의 프리미엄을 등에 입고 있는 노 후보와 야권의 양 김씨간의 삼파전이다. 한국의 진정한 민주화를 위해 야권 후보가 대통령이 되어야 한다고 믿던 나는 밥도 굶어가며 거리 유세를 쫓아다녔다.

어느 날 후배가 모 대통령 후보가 대학생들과 만남의 자리를 갖는다며 장소와 시간을 내게 알려주었다.

친구랑 찾아간 강남의 한 유스호스텔, 늘씬한 여대생들이 반기는 행사장 안에는 이미 많은 대학생들이 몰려들었다. 인기 개그맨이 사회를 보며 선물도 푸짐하게 나눠주었다. 스테이크와 맥주를 먹으며 누구나 다 아는 퀴즈 문제에 손을 번쩍드는데 저쪽에 한 녀석이 나를 쳐다보고 있다.

'앗, 저녀석이.'

양김 씨야말로 우리나라 정치 발전을 퇴보시킨 장본인이라고 떠들다가 나의 주먹세례를 받았던 학과 후배 놈이….

휀시 미팅 유 히어
Fancy meeting you here!

여기서 만나다니!

Fancy meeting you here!
웬시   미팅   유   히어

A : Billy? Is that you?
B : Fancy meeting you here, Jonathan!
A : What are you doing here?
B : I'm waiting for my wife.

A : 빌 아냐?
B : 여기서 만나다니, 조나단!
A : 여기서 뭐해?
B : 아내 기다리고 있어.

---

fancy 상상하다, 공상하다   I didn't expect to meet you here. 너를 여기서
만나리라고 기대하지 않았어.   waiting for ~를 기다리다

영화 〈인디에어〉(In the air)에는 해고 전문가가 등장한다.

사장을 대신하여 직원들을 파면시킨다. 울상을 지으며 눈물을 글썽이며 '나는 이제 어떡하죠? 처자식이 있는데', 또는 분노와 욕설을 퍼부으며 '내가 이 회사에 얼마나 몸바쳤는데 감히 날~!'

그런 그들에게 아주 입에 발린 말을 늘어놓는다.

"당신의 미래를 상의하기 위해 왔다."

스포츠 신문 1면을 장식한 연예인 열애설에 대해 당사자들은 대부분 '친한 오빠 동생 사이일 뿐이죠.' 라고 뻔한 거짓말을 한다.

'제니 점점 예뻐져.' 라는 회사 상사의 거짓말이나 동창의 전화에 '언제 얼굴 한 번 보자.' (Let's get together sometimes.) 란 말은 비록 진실은 아닐지라도 삶을 윤택하게 하는 말들 중에 하나이다.

그건 그렇고, 우리 친구 모임도 한 번 날 잡자!

렛쯔 겟 투게더 섬타임즈
Let's get together sometimes.

어제
한 번 보자

Let's get together
_{렛쯔 겟 투게더}

sometimes.
_{섬타임즈}

A : Are you free this weekend?
B : No, not until next Monday.
A : I see. Let's get together sometimes.
A : Sure. I will give you a call.

A : 이번 주에 시간 있니?
B : 아니, 다음 주 월요일까지 안 되는데 …
A : 언제 한 번 좀 보자.
A : 그래. 내가 전화할게.

---

get together 같이 모이다   sometimes 언젠가(sometime 때때로와 혼동 주의)   until[언틸]~까지   give a call 전화하다

여자들에게 거는 작업 멘트로 '시간 있으시면 커피 한 잔 하실까요?' 와 더불어 오랫동안 부동의 1위를 차지하고 있는 말은,

　"우리 만난 적 있지요?" (Have you met before?)

　누군가는 이런 대화를 부싯돌 삼아 사귀고 결혼해서 애까지 낳았다.

　하지만 바람둥이 후배는 일본에 놀러가서 이런 수작 부리다 '꽃뱀' 에게 제대로 물려 알거지가 된 가슴 아픈 사연도 있다.

　죽전 휴게실에서 한 아줌마가 날 자꾸 쳐다보기에 다가가 물었다.

　"저기, 우리 어디선가 본 적 있나요?"

　"아, 선생님 저 삼순이에요, 옛날 ○○전자에서 영어 배웠던…."

해브 위 멧트 비포우
Have we met before?

Have we met before?

해브   위   멘트   비포우

A : Have we met before?

B : Well, I don't know.

A : Did you go to Neils high school?

B : Yes, I did. Oh, are you Jenny?

A : 우리 본 적 있죠?

B : 잘 모르겠는데요.?

A : 닐스고등학교 나오지 않았어요?

B : 네. 아! 너 혹시 제니야?

---

met[멘트] meet 의 과거형   before 전에↔ after 후에   high school 고등학교   Well 감탄사(글쎄, 아마)

내가 아는 관광학과의 젊은 교수는 겸손함이 몸에 배어 있다.

그는 헤어질 때 인사를 '안녕히 가세요'(bye)라는 인삿말 대신 '잘 가세요.'(Take care)라고 한다.

미국에서 유년기를 보내고 학위까지 받은 그가 어떻게 손을 흔드는 동작보다 꾸벅 인사하는 한국식 인사법에 더 친숙한지 의아했다. 용무를 마치면 허리를 구부려 인사한다. 그런데 그는 한술 더 떠 서로 인사를 나눈 뒤 상대방이 돌아서기 무섭게 등 뒤에서 다시 한 번 큰소리로 외친다.

'살펴가세요.'

말쑥한 차림과 깍듯한 행동이 자칫 제비족(?)과 같이 보일 수도 있겠지만 자세히 보면 전혀 그렇지 않다. 오히려 품위 있어 보인다.

허리를 90도로 꺾는 것은 단지 목 디스크 때문이라고 너스레를 떨지만 그를 만나고 오는 날에는 늘 기분이 좋다.

테이크 케어
Take care.

잠 가세요

Take care.
테이크   케어

A : Please say hello to your wife.
B : I will. Then take care.
A : Alright. You, too.

A : 부인에게 안부 좀 전해 줘라.
B : 그래. 잘 가.
A : 알았어. 너도.

---

take care take care of yourself 를 줄여 쓴 표현   **say hello to~** 누구에게 안부 전하다   **too**[투] 또한

주부들에게 영어를 가르치다 보면 가장 많이 받는 질문 중 하나가 '수고했습니다.'를 영어로 알려 달라는 것이다.

그냥 입에 익은 '고맙다'(Thanks), '잘가'(Bye) 하면 된다고 해도 굳이 알려 달라고 떼를 쓴다.

아이에게 영어 가르치는 금발의 학교 원어민 선생에게 멋지게 한 마디 날리고 싶은 작은 소망 때문이라고 한다.

그럴 땐 'Hang in there!' 정도가 적당하다고 말해 준다.

영화 '수퍼맨'에서 악당과 싸우다 쓰러지면 아이들이 소리친다.

"Hey, superman! hang in there!" (이봐요, 수퍼맨, 버텨)

수퍼맨, 이젠 지진으로 피해 받고 있는 일본, 아이티, 중국, 칠레 사람들에게 한 마디 해주세요.

"지구인들, 잘 버텨!"

행 인 데 어
Hang in there.

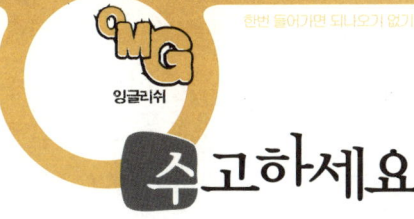

수고하세요

Hang in there.
행 인 데어

A : We have to go now.
B : Oh, it's 7 already. Daniel, hang in there.
C : Alright, have fun guys.

A : 이제 가야겠어.
B : 벌써 7시네. 다니엘, 수고해.
C : 알았어. 재미있게 놀아.

---

hang in there 잘견뎌, 버텨 라는 의미, 상황에 따라 수고했어, 오늘 잘했어.
already [얼뢰디]이미   have fun 즐겨라   guys 친구들

거리를 가다 우연히 만난 친구, 상호.

중·고등학교 때는 없으면 죽을 정도로 가까웠던 사이지만 사소한 의견 충돌이 계기가 되어 멀어진 뒤 서로 연락이 없었다. 그러다가 대학 졸업할 즈음 고교동창회에서 다시 만났다.

그것뿐이다.

'그동안 잘 지냈느냐?', '요즘은 뭐하냐?' 물어보고 헤어질 때는 어김없이 '연락하자'(Let keep in touch)라고 하며 전화번호를 교환하지만 연락하기란 쉽지 않다.

핸드폰을 열면 나를 반기며 연락 좀 달라는 문자가 빼곡하다.

"귀하는 무담보로 5,000만 원까지 가능합니다. 연락바랍니다."

이메일을 눌러봐도 날 찾는 글이 가득하다.

"오빠, 외로워요. 빨리 연락줘-잉. -난희 올림."

레쯔 킵 인 터취
Let's keep in touch.

OMG
잉글리쉬

연락하세요

Let's keep in touch.

레쯔 킵 인 터취

A : Don't you have to take 2 o'clock bus?

B : Yes, I'd better be going home.

A : Let's keep in touch.

B : OK. Bye.

A : 2시에 버스 타야 하는 거 아냐?

B : 네, 집에 가야겠어요.

A : 연락 해라.

B : 네. 안녕히 가세요.

---

touch 접촉하다   keep 계속하다   Let's keep in touch. 와 비슷한 표현
Keep me posted. 내게 연락 해.   o'clock [어클락] 정각

명배우 잭 니콜슨이 나오는 영화 〈이보다 더 좋을 순 없다〉
(As Good As It Gets)를 흥미롭게 본 적이 있다.

보도블록의 갈라진 틈도 밟지 않는 강박증과 식당에서 식사할
때도 자기가 가져온 나이프와 포크만 사용하는 결벽증으로 독신
으로 세상과 괴리되어 살아가는 중년남자가 인간성을 회복한다
는 줄거리를 담고 있는 영화 였다.

나는 이 제목이 좋아 어린이 영어연극의 팸플릿 첫 장 연출의
변 제목으로 쓴 적이 있다.

표현법은 다르지만 누군가 안부를 물어볼 때 심각한 표정으로
'그저 그래' (So so) 라고 하지 말고 환한 얼굴로 답하자.

"더 이상 좋을 수 없다."(It couldn't be better)

그럼, 진짜 그런 좋은 날이 찾아올 것이다.

11

잇 쿠든트 비 배터
It couldn't be better.

It couldn't be better.
잇 쿠든트 비 베터

A : How are you today?

B : It couldn't be better.
What about you, Dr. Green?

A : Great.
How do your stitches look?

A : 안녕, 오늘 어때?.

B : 아주 좋아요.(더 이상 좋을 수 없다), 그린 선생님은 어때요?

A : 아주 좋아요. (수술로)꿰맨 곳은 어때요?

---

better good의 비교급   **Dr.** doctor(의학자, 박사, 의사)   **What about you?**
당신의 의견은?   **stitches**[스티취즈]꿰맨 곳

미국 시카고 오헤어 공항을 막 빠져나오고 있었다.

공항 한켠에서 연인들이 이별의 정을 나누며 서로에게 '널 그리워할 거야'(I'll miss you.)라며 쪽쪽거리고 있다. 사람 염장 지를 일 있나?

사귀던 여자 친구로부터 절교의 편지를 받고 어찌 해 볼 겨를 도 없었다. 한달 간의 미국 출장명령으로 보따리 싸고 서울을 홀 연히 떠나왔는데…. 그녀에 대한 그리움이 사무친다.

우리는 중학교 1학년 영어 교과서에서 이렇게 배웠다. 'Miss Kim'의 'Miss'는 결혼하지 않은 젊은 여자를 지칭할 때 쓰는 말이라고.

언젠가 본 연극의 한 장면. 바람둥이 남자가 한 여인과 침대 에 상반신을 드러낸 채 전화 저편에 있는 또 다른 애인에게 속 삭인다.

"보고 싶어, 달링!"

12

아일 미스 유
I'll miss you.

한번 들어가면 되나오기 없기, 끝장날 때까지 참아내기, ~나시론~

널 그리워 할 거야

I'll miss you.
아일   미스   유

A : My family is moving to Kansas.
B : Really? When are you moving?
A : Next month.
B : I'll miss you.

A : 우리 가족 캔사스로 이사 간다.
B : 정말? 언제 이사가는데?
A : 다음 달에.
B : 니가 그리울 거야.

miss 그리워하다, 놓치다 You can't miss it. 길을 알려주며 확실히 찾을
수 있다는 믿음을 전함 really 감탄(어머, 그래) move 이사하다

여름방학 때 도서관에서 주관하는 〈유쾌한 박물관미술관 아트 투어〉 강좌가 개설되었다. 10일 동안 이어진 이 프로그램은 하루는 강의실에서 책을 보며 공부하고 다음날은 아이들과 함께 전날 배운 장소로 탐방하는 것이다.

강좌가 끝나는 날 모두 아쉬운 정을 나누며 겨울방학을 기약했다. 나도 가방을 싸고 강의실을 나오는데 복도에서 한 학부모가 수강생인 아이를 데리고 기다렸다가 나에게 인사를 한다.

"선생님 수고하셨어요. 아이한테 말씀 많이 들었어요."

(I've heard a lot about you from Jina.)

그 학부모는 딸아이를 데리고 자주 박물관 미술관을 다녔으나 별 흥미를 느끼지 못했는데 이번 탐방에서는 아주 즐거워하더라는 말을 들려주었다.

박물관 미술관으로 피크닉 떠나보세요.

아이브 허드 어랏 어바웃 유 후럼 지나
I've heard a lot about you from Jina.

잉글리쉬

지나에게
말씀 많이 들었어요

I've heard a lot about
아이브 　　허드 　　어랏 　　어바웃
you from Jina.
유 　　후럼 　　지나

A : I'm very glad to meet you, Tom.
B : I've heard a lot about you.
A : Are you here for a visit?
B : Yes, I am.

A : 탐 만나서 반갑습니다.
B : 말씀 많이 들었어요.
A : 여긴 방문 왔나요?
B : 네.

---

heard[허-드] hear[히어]의 과거형 about ~ 관하여(of 도 같은 의미) for
목적을 나타내는 전치사 visit[비짓] 방문하다

빈곤의 대물림을 타파하기 위한 기금마련을 목적으로 한 세계 최고의 갑부 웨렌퍼빗과의 점심시간 경매에 많은 사람들이 참여한다.

달랑 2시간 정도 같이하는 점심 식사에 20~30억을 투자한다고 하니 그의 경제전망이 꽤 영향력이 있나보다. 그는 아주 특별하고 구체적인 투자 전망을 알려주고 또 함께 식사한 사람들이 그만큼 효과를 톡톡히 보게 한다.

이런 대단한 사람들과 함께 하는 점심도 나름대로 가치가 있겠지만 동네 사람들과 베란다에서 갓 뜯어온 상추로 쌈을 싸 먹으며 나누는 정도 엄청 가치가 있다.

아내가 옆집에서 점심을 얻어 먹으며 가져온 소중한 정보에 의하면, 사거리에 모퉁이에 가면 파라솔을 펴놓고 있는 사람들이 있는데 주소만 적어줘도 각티슈 세 개를 준다는 아주 구체적이고 상세한 정보다.

렛쯔 미트 휘 런치
Let's meet for lunch.

잉글리쉬

만나서
점심이나 먹자

Let's meet for lunch.
렛쯔　　　미트　　　훠　　　런치

A : Let's meet for lunch.
B : That's a good idea.
　　How about a cheeseburger at Rookie's?
A : Great. I love their cheeseburger!

A : 만나서 점심 먹자.
B : 좋은 생각이다. 록키에 가서 치즈버거 먹을까?
A : 좋지. 나도 거기 치즈버거 무척 좋아하는데!

Let's~ 하자 shall we~ Why don't we~ 와 같은 표현　　How about~ 상대
방의 의견 묻기

여러분 자녀들도 그런가요? 학교시험에 평균 90점 넘기면 핸드폰 바꿔달라고 요구하나요?

　아들 말에 의하면, 자기 친구는 시험 잘 봐서 거북이처럼 느려 터진 컴퓨터 내팽개치고 최신 사양으로 업그레이드된 컴퓨터로 실감나게 게임할 수 있게 해달라고 했다내요. 딸아이가 애교를 떨려 묻는다.

　"아빠, 이번에 영어 시험 잘 보면 제가 원하는 것 해 주실 거죠?"

　"합격하면 까짓 것, 패밀리 레스토랑에서 한번 쏘지."

　"그거 말고 내가 진짜 원하는 거?"

　'말 해 봐 뭔데?' 라고 말하고 싶지만 그랬다가 엄청난 요구가 있을 것 같아 살짝 꼬리를 내렸다.

　"그게 뭔가에 따라서." (It depends on what it is.)

　마음은 그렇지 않은 것 너는 알지?

잇 디펜즈 온 왓 잇 이즈
It depends on what it is.

그게
먼가에 따라서

It depends on what it is.
잇 디펜즈 온 왓 잇 이즈

A : Irene, may I ask you a favor?
B : It depends on what it is.
A : May I borrow your digital camera?
B : OK. But bring it back when you're done.

A : 아이린, 부탁이 있는데...
B : 뭔데(무엇인지에 따라)?
A : 디지털 카메라 좀 빌려줄 수 있어?
B : 좋아. 근데 다 쓰면 돌려 줘라.

depend on ~에 달려 있다(depend 의지하다)　favor [훼이버] 호의, 부탁
borrow [버로우]빌리다　be done 끝나다

무척 가난한 무명 화가가 있었다.

그는 집 근처 빵집에서 날마다 식빵을 사가곤 했다. 빵집에서 일하는 마음씨 착한 아가씨는 허기에 시달리는 그를 위해 어느 날 몰래 버터를 바른 식빵을 봉투에 넣어 주었다. 그런데 다음날 잔뜩 화가 난 화가는 씩씩대면서 가게로 찾아와 소리쳤다.

"당신이 내 작품을 망쳤소!"

알고 보니 그는 식사를 위해 식빵을 사간 것이 아니라 최근에 그리고 있던 목탄화의 지우개로 쓰기 위해서였다.

내가 그 아가씨라면 이렇게 소리쳤을 것이다.

"전 그럴 생각이 아니었어요." (I didn't mean that.)

16

아이 디든트 민 뎃
I didn't mean that.

한번 들어가면 되나오기 없기, 끝장낼 때까지 참아내기. -나사론-

그럴 생각은 없습니다

I didn't mean that.
아이   디든트   민   덧

A : You seem upset with me. What's wrong?
B : I'm very sorry. I didn't mean that.
　　I'll be more careful from now on.
A : That's all right.

A : 내게 화난 것 같은데. 무슨 일이야?
B : 미안하다. 그런 식으로 말하려는 게 아니었는데.
　　이제부턴 조심해야겠다.
A : 알았어.

mean[민-] 의미하다   upset[업셋] 화난(= angry)
more careful 좀 더 조심스러운   from now on 앞으로, 지금부터

아내의 변신, 아니 '변심'은 끝없다.

결혼 초에는 내가 가벼운 기침만 콜록콜록 해도, '어머, 당신 어디 아파? 병원에 가봐야 하는 것 아냐? 당신 없이는 단 하루도 못살아 흑흑!!'

그러던 아내가 첫 딸아이가 태어나고 내가 좀 아프다고 말하자,

"그러게, 하루에 담배 두 갑씩이나 피고 새벽까지 술 마시고 돌아다니더니, 여보, 제발 정신 좀 차려요."

잔소리가 점점 늘어나더니 요즘은 기침 몇 번만 해도 주먹을 불끈 치켜들고 나타나서 한다는 말이, '애들한테 감기 옮기기만 하면 알아서 해.'라며 엄포까지 서슴없이 놓는다.

요즘은 오히려 아이들이 대신 내 머리를 짚어주며 위로한다.

"아빠 왜 그래, 어디 아파?" (Dad, what's the matter?)

17

왓스 더 매터
What's the matter?

잉글리쉬

무슨 일이야?

What's the matter?
왓스　　　더　　　매터

A : What's the matter, Erica?

B : How stupid! I failed the test again.
　　I am a loser.

A : Come on. Don't take it so hard.

B : It was my third time.

A : 무슨 일이야, 에리카?

B : 얼마나 어리석으면! 나 시험에 또 떨어졌단 말이야.

A : 진정해라. 그렇게 심각하게 생각하지 말고.

B : 세 번째 시험이었단 말이야.

matter 일   stupid[스튜피드]어리석은, 바보 같은   loser[루저] 패배자
Don't take it hard. 심각하게 생각하지 마.

학생에게 영어연극을 지도할 때는 이야기 전달에만 급급하지 말고 연극의 전반적인 이론과 동작에 대한 교육이 꼭 필요하다.

초등학교로부터 초대를 받아 공연을 가 보면 매번 적잖은 실망을 하게 된다. 마치 라디오 연속극을 진행하듯 똑같은 손동작과 암기한 대사만 하기에 바쁘다.

연극에 대한 기본 지식이 없는 선생이 의욕만 앞서서 지도한 결과라고 할 수 있다. 차라리 전문가를 초빙하여 하나라도 배우겠다는 자세로 준비하면 좋으련만 현실이 안타까울 뿐이다.

무대에 서 있는 기본 자세는 상대방 배우를 바로 쳐다보지 않고 정면에서 45도 각도로 비껴서서 대사를 주고받아야 한다. 관객 쪽 손은 가급적 얼굴 위로 올리지 말아야 한다.

학생 한 명씩 무대 위로 올려 서 있는 자세와 손 드는 연습시키다 보면 아이들은 이렇게 소리친다.

'선생님, 보세요. 이렇게요?' (Sir, Look! Like this?)

18

룩 라이크 디스
Look! Like this.

Look! Like this.
룩　라이크　디스

A : I want to use a fork.
B : You need to practice using chopsticks.
A : Look!! Like this?
B : That's it. Good job.

A : 나도 포크를 사용하고 싶어요.
B : 젓가락 쓰는 연습을 해라. 요렇게 해봐.
A : 이렇게요?
B : 그래. 잘 하네.

like 전치사로 ~와 같이 ~처럼 I can not do it like you. 나는 너처럼 할 수 없어.
practice[프렉티스] 연습하다　chopsticks[참스틱스] 젓가락

화성시 정남면 보통리 저수지 주변에 자리잡은 문화예술 공간 〈리-보통〉에 는 매달 토요일에 클래식 기타 연주회가 열린다.

그곳에 가면 또 헤밍웨이처럼 하얀 수염을 기른 건축가 최완 씨를 만날 수 있다. 그는 예술가를 후원하고 어린이들의 진취적 교육을 위한 〈돛단배클럽〉 활동에도 남다르게 열정을 쏟고 있다.

한해가 다 저물어가던 어느 날, 와인 한 잔 하자고 해서 그곳에 갔다. 익히 알고 있던 서양화가, 사진작가, 꽁트작가, 요리 연구가, 클래식 기타리스트들이 모여 있었다.

레드 와인에 각종 과일과 향신료를 넣고 약한 불에 은근히 데워 준비한 와인을 마시며 담소를 나누었다. 맛이 좋은데다 감기에도 그만이라는 말에 홀짝 홀짝 세 잔을 마셨더니 취기가 오른다.

'한 잔 더 해?' 라는 권유에 혹시라도 분위기 있는 밤을 망칠까 봐,

"고맙지만 사양할게요." (No, thank you).

노 땡 유
No, thank you.

No, thank you.
노　　　땡　　　유

A : Will you join the movie club?
B : No, thank you. I like to be active.
A : How about sports club, then?
　　Maybe, golf or ski ⋯
B : Golf sounds good.

A : 우리 영화 클럽에 가입할까?
B : 고맙지만 별로야. 난 활동적인 게 좋거든.
A : 그럼 운동클럽은? 골프나 스키 ...
B : 그래. 골프가 좋겠네.

No thank you. 거절할 때 쓰는 표현 join 가입하다 active[엑티브] 활동적
인 maybe[메이비] 아마 then[덴] 그럼

광고 잡지책을 제작하여 한국, 괌, 오키나와 등 극동아시아권 미군부대에 배포하는 영국 바이어 영감님이 있다.

자녀의 이름이 내 미국식 이름과 같은 '닐'이고 나이도 비슷하다며 인자하게 나를 대해 주신다.

홍콩 전시회에서 만났을 때도 본인이 투숙하고 있는 특급호텔로 초대하여 근사한 식사도 사주시고 자식에게 용돈을 챙겨주듯 100달러짜리 몇 장도 선뜻 건넸다.

한국에 오면 두세 군데 거래처를 들르시는데 그때 그분은 으레 내가 공항으로 픽업을 나오는 것으로 알고 있다.

하루에 담배 두 갑 이상씩 족히 피우던 때라 단 몇 분도 참지 못했다. 그때 영감님을 태우고 운전하던 중 룸미러를 보며,

"내가 내 차에서 담배 피워도 될까요?

내 차 안(in my car)을 힘 줘 말하면 특유의 걸쭉한 목소리로,

"그려, 이 친구야." (Go ahead, a little boy)

고우 어헤드
Go ahead.

잉글리쉬

어서 해

Go ahead.
고우   어헤드

A : Where is the post office?
B : Go down one block and make a right
at the bank.
A : OK. Let me write it down. Go ahead.
B : Sure.

A : 우체국이 어디 있어요?
B : 한 블록 지나서 은행에서 오른쪽으로 돌아 가세요.
A : 네. 제가 지금 좀 적을게요. 자~ (말씀하세요)
B : 그래.

go ahead (일을)진행시키다, (망설이지 않고)앞으로 나아가다
block [블럭]길의 단위   make a right (left) 오른쪽(왼쪽)으로 돌다

뉴욕의 한국지사에서 근무하는 상사로부터 들은 얘기다.

부장님이 말쑥하게 차려입고 서류가방을 들고 인적이 드문 곳을 바삐 지나가는데 최홍만보다 더 큰 흑인 두 명이 다가와서 돈을 달라고 위협하더란다.

가진 돈이 없어도 위협한다는 말을 들은 적이 있었기에 잽싸게 호주머니를 뒤져 20달러 지폐를 주고 줄행랑을 놓았다.

그런데 재수 없게도 비슷한 장소에서 똑같은 날강도를 또 다시 만나게 되었다. 지갑을 열어보니 카드 뿐이다. 슬그머니 호주머니를 만져보니 구겨진 1달라 1장과 25센트짜리 동전 3개가 전부다. 그 몇 푼 안 되는 돈을 멋쩍게 내밀면서,

"이거면…, 되겠냐?" (Will this do?)

그들은 가벼운 욕을 하며 돈을 낚아채 사라졌다. 그들이 분명 그랬겠지,

"누굴 거지로 아나?"

윌 디스 두
Will this do?

Will this do?
월   디스   두

A : Dad, I need to get a new swim suit.
B : Here's 20,000 won.
A : I can't buy anything with this.
B : Alright, here's 50,000. Will this do?

A : 아빠, 수영복 사야 하는데 돈 좀 주세요.
B : 여기 2만 원.
A : 그것 갖고는 아무 것도 못 사요.
B : 옛다 5만 원. 이거면 되겠냐?

do 괜찮다, 되다 (습관, 예의상) 용납되다 This won't do. 그건 안 돼.
a swim suit 수영복

영어연극 강좌를 개설한 도서관은 인근 지역에서 찾아 보기 쉽지 않다. 물론 신청을 한다고 해서 전원 참여할 수 있는 건 아니고 오디션을 통해 엄격히 인원을 선발한다. 그래서 당사자인 학생은 물론 학부모들 모두 높은 관심을 보인다.

3월부터 매주 토요일 3시부터 6시까지 수업이 진행되고 7월 초 종강 기념 공연을 올리는 것으로 강좌는 마무리된다.

드디어 오늘 〈사운드 오브 뮤직〉을 올린다.

아침부터 여러 번 리허설을 했다. 3시 공연을 앞두고 마지막 드레스 리허설을 끝내자 사람들이 밀려 들어오기 시작했다. 객석에 관객들이 차곡차곡 메워지자 커튼 사이로 이를 지켜보던 아이들이 갑자기 긴장하기 시작한다.

"우리가 잘 할 수 있을까요?"

이때 대기실로 우리의 작업에 늘 관심을 가지고 있는 희곡작가 오태영 선생님이 들어오셨다. 선생님은 일일이 아이들의 등을 토닥거리며 격려해 주셨다.

"침착해."(Take it easy!) "잘 할 수 있어."

테이크 잇 이지
Take it easy!

침착해

Take it easy!
테이크   잇   이지

A : My team lost the game again.
     I'm very disappointed.
B : Take it easy.
     Your team will win next time.

A : 우리 팀이 또 경기에서 졌어.
     정말 실망스럽다.
B : 진정해. 다음 번에는 이길 거야.

take it easy 진정해, 참아, 비슷한 문장(Calm down)   **lost** lose(지다)의 과거형   **disappointed**[디서포인티드] 실망한

서울이나 여타 지방 도시에서 친구들이 가족 단위로 우리 집으로 놀러 오면 의례히 〈안성 남사당 공연장〉으로 데리고 간다.

원래 남사당패는 조선시대부터 구한말에 이르기까지 서민층에서 자연 발생적으로 생겨나 전국을 떠돌아다니며 놀이를 제공하던 유랑 예인집단이었다. 그러던 것이 안성에 전용 원형 야외 무대를 갖추고 공연하다가 2010년 초부터는 대형 돔형 실내 극장까지 마련했다.

놀이는 풍물(풍물놀이), 버나(접시돌리기), 살판(땅재주), 어름(줄타기), 덧뵈기 덜미(꼭두각시놀음) 등 여섯 마당으로 구성되어 있다. 특히 줄을 타는 어름사니와 사회자의 익살스런 재담은 보는 이의 웃음보를 쉴 새 없이 빵빵 터지게 한다.

"여러분! 한번 같이 가실래요?"

"얼쑤, 좋~타." (That sounds good.)

덧 사운즈 굿
That sounds good.

잉글리쉬

좋아요
좋아

한번 들어가면 되나오기 없기. 끝장날 때까지 참아내기. —나사론—

That sounds good.
덴   사운즈   굳

A : How about a movie and dinner?
B : That sounds good.
　　What time shall we meet?
A : Can we make it at 6?
B : OK.

A : 영화 보고 저녁 먹을까?
B : 그래. 몇 시에 만나지?
A : 6시 어때?
B : 좋아.

---

sound ~하게 들리다, ~한 소리가 나다, 유사표현(That sounds like a good idea.)　How about~ 어때 (상대방의 의견을 물어보는 말)　make it 정하다

영국 바이어가 홍콩으로 오면 나는 그곳으로 달려가 그들을 만난다. 지난해 수출한 제품의 품질 확인과 올해의 오더 규모에 대해 논의를 하는 시간을 갖기 위함이다.

팽팽한 긴장감 속에 이틀 동안 이어지는 미팅이 끝나고 예전에 같이 연극했던 후배를 만났다. 그는 대학 시절 고뇌하는 햄릿 역을 잘 소화했다. 훤칠하게 키도 커서 탤런트에 버금가는 외모를 지닌 멋쟁이다.

우리는 침사초이 부근 식당에서 만났다. 쫄깃한 면발과 시원한 국물 맛이 일품인 완탕면을 먹으며 옛날 추억에 한바탕 푹 빠진다. 그렇게 정신없이 이야기를 하다 보니 비행기 시간이 빠듯하다. 공항으로 가는 승용차 안에서 빨리 가자며 후배를 재촉하자,

"형, 천천히." (Take your time.)

"연극할 때도 날 달달 볶더니, 히히!"

후배는 웃으며 내게 일침을 가한다.

테이크 욜 타임
Take your time.

천천히 해

Take your time.
테이크 욜 타임

A : Could you please watch my bag?
    I need to use the bathroom.
B : Sure.
A : I'll be right back.
B : Don't worry. Take your time.

A : 내 가방 좀 봐줄래? 화장실 좀 다녀올게.
B : 그래.
A : 금방 올게.
B : 천천히 와도 돼.

watch 보다, 감시하다   bathroom [베쓰룸]화장실   right back 곧   use
[유-즈]사용하다 [유스]로 읽으면 사용이란 명사

결혼하면 아내와 외국으로 나가 4~5년쯤 살고 싶었다.

그래서 해외 근무가 가능한 회사를 알아보고 다녔는데 마땅한 자리가 쉽게 나지 않았다. 그러던 중 용케 한 기계 회사의 '멕시코' 지사 파견사원 공모에 서류 심사가 통과되었다. 4명의 면접자 중 마지막으로 들어가 면접관들이 쉴 새 없이 퍼붓는 질문 공세를 나름대로 잘 대처했다고 생각했다.

면접 후 차 한 잔 마시고 돌아가려는데 아까 면접관 중 한 분이 나를 불러 세웠다.

"저와 함께 얘기 좀 할까요?" (Can I talk to you?)

방으로 따라 들어가자, 대뜸 "이봐 자네 몇 긴가?"

알고 보니 그는 고등학교 선배이자 이 회사 회장의 아들이었다.

어떻게 되었냐구요? 그때 합격했다면 지금 영어샘 하겠어요. '타코' 장사 하지. 경력이 10년에 미치지 못해서 안 되었다는 후문이다.

켄 아이 토크 투 유
Can I talk with you?

저와 얘기 좀 할 수 있을까요?

Can I talk to you?
켄 아이 토크 투 유

A : Can I talk to you?
B : Sure, what's the problem?
A : Would you lend me some money?
B : I'm sorry, but I can't.

A : 얘기 좀 할 수 있나요?
B : 그래, 무슨 문제가 있나요?
A : 돈 좀 빌려 주실래요?
B : 미안한데, 나도 없어요.

talk 말하다 cf. talkative[토커티브] 수다쟁이　**problem**[프라블럼] 문제
lend[렌드] 빌리다

방학은 평상시 학업의 중압감에서 벗어나 휴식과 이완이 필요한 때인데, 학생들은 집과 학원을 다람쥐 쳇바퀴 돌듯 한다.

숙제 때문이든, 머리를 식히려 하든 이유야 어찌되었든 간에 박물관·미술관에 가면 새로운 자극과 동기를 제공하는 좋은 기회가 될 수 있다. 그리고 기왕 갔다면 아이들에게 다양한 체험학습까지 하게 하여 흥미와 학습 효과를 높여주는 것이 바람직하다.

"왜 가요?"(What for?)

다가 올 21세기를 이끌어 갈 인재가 갖춰야 할 능력은 창의력과 상상력이라고 한다. 박물관·미술관에 가면 그것들이 보석처럼 빛을 발하고 있기 때문이다.

그런데 이 녀석들이 정말 박물관·미술관을 좋아하는 걸까?

'그것이 알고 싶다.'

26

왓 휘
What for?

왜 뭐 때문에

What for?
왓 풔

A : Are you still online?

B : Yes, I'm.

A : What for?
   Are you going to buy something?

B : No, I'm searching for some information
   for the science paper.

A : 아직도 인터넷하니?

B : 응.

B : 왜? 뭐 살려고?

A : 아니. 과학 보고서 때문에 정보 검색 중이야.

What for? 무엇 때문에, 왜(why)와 동일 still [스틸]여전히 be going to ~
할 예정이다 search for~를 찾다 information 정보

청소년 단체에서 주최한 스키 캠프에 초등학생들을 데리고 따라나섰다.

그곳에서 담배 피우는 초등 5학년 여학생 두 명을 발견했다.

청소년의 40%가 초등학교 때, 심지어는 그 이전에 첫 흡연을 경험한다는 뉴스 보도를 접하긴 했어도 막상 그런 어린 여학생을 목격하니 할 말이 없다.

아이들을 세워 놓고 담배에 포함된 니코틴, 타르, 일산화탄소 등 약 4천 종의 화학물질과 40여 종의 독성 발암 물질이 우리 신체 어느 곳에 치명적 피해와 손상을 주는지 상세히 설명해 주었다. 특히 일찍 흡연할수록 어른이 되었을 때 심한 정서적 장애를 입는다고 했더니 몸을 비비 꼬고 듣던 두 여학생이 한다는 말이,

"그래서요?" (So what?)

한동안 말문이 막혔다. 이런 식으로 해서는 안 되겠다. 학생들을 위한 '금연 연극'이라도 만들어 볼까?

27

소우 왓
So what?

그래서?

So what?
소우   왓

A : Look! There is an old lady.
B : So what?
A : Why don't you give her your seat?
B : I know but I'm really tired.

A : 봐, 저기 노인 계셔.
B : 그래서?
A : 그 자리 좀 양보해 주자?
B : 알아. 근데 나도 힘들어 죽겠단 말야.

---

so what? 그래서 어떻다는 거야   old lady 노인   seat[시-트]좌석   Why
don't you[와이돈추~]~하자   tired[타이어드] 지친

"우리 아이는 너무 조용해요."

상담할 때부터 학부모는 자신의 아들이 차분하고 친구들과 얘기도 하지 않는 내성적인 성격이라고 언질을 주었다.

초등 2학년 아이는 학원에 와 갈 때까지 한 마디도 하지 않는다. 다같이 따라 읽을 때에도 입으로 흉내 낼 뿐 소리는 내지 않는 듯 했다. 많은 아이들이 환호성 치는 영어게임조차 도통 흥미가 없는 듯 했다.

두 달이 지난 어느 날 교육비를 내기 위해 온 어머니에게 아이의 학원 생활을 이야기하며 아동건강센터나 병원으로 가서 상담을 받아보라고 권했다. 학부모는 버럭 화를 내면서 난리를 쳤다.

"뭐 이런 엉터리 학원이 다 있어?"

"오해 하지 마세요." (Don't get me wrong.)

몇 해가 지난 후 여전히 말없이 꿈꾸는 눈을 가진 6학년이 된 아이를 데리고 어디론가 가고 있는 그 학부모를 보았다.

돈트 겟 미 롱
Don't get me wrong.

절 오해하지 마세요

Don't get me wrong.
돈트　　　겟　　미　　　　롱

A : I went to the movies with Julia yesterday.
B : Really? You must like her!
A : Don't get me wrong. We are just friends.
B : I don't think so.

A : 어제 나 줄리아랑 영화관에 갔었어.
B : 진짜? 너 그녀를 좋아하는 게 분명해!
A : 오해하지 마. 그냥 친구야.
B : 아닌 것 같은데 뭐.

Don't misunderstand me. 저를 오해하지 마세요.　yesterday 어제 cf. the day before yesterday 엊그제　must~ 임에 분명하다　just 단지

한국인이 머리가 좋다는 근거를 '젓가락질'에서 찾는 사람이 있다.

포크와 나이프로 대변되는 서양인들과 달리 우리의 젓가락 사용은 30개의 관절과 50개의 근육을 움직이게 한다고 한다. 근육을 세밀하게 조절하는 능력, 작은 물체를 집는 응집력, 집중력은 반도체 분야와 골프, 양궁 등에서 능력을 발휘하고 있다.

자칭 '젓가락 도사'라는 사람은 눈앞에 움직이는 파리를 젓가락으로 순식간에 잡아 채 우리들을 깜짝 놀라게 한다. 잡은 파리를 입에 넣고 오물오물 하기까지 하면 우린 자지러지고 만다.

도사보다 더 빠른 젓가락질의 소유자는 다름 아닌 우리 어머니들이다. 아버지를 위해 밥상을 차려놓고 다소곳이 옆에 앉아 계시다 부지불식간에 '미안합니다.'(I'm sorry.)도 아닌 '실례합니다.'(Excuse me.) 하며 젓가락으로 뭔가를 잽싸게 꺼낸다.

본 사람은 아무도 없다. 그 한 올의 머리카락을….

익스큐즈 미
Excuse me.

잉글리쉬

저 실례 ㄹ 합니다

Excuse me.
익스큐즈   미

A : Excuse me. Where can I find books
    about Chinese food?
B : You can find them on the second floor.
A : Thank you. How many books can I
    check out?
B : Five books at a time.

A : 실례합니다. 중국요리에 관한 책은 어디서 찾아볼 수 있나요?
B : 2층에서 찾을 수 있습니다.
A : 고맙습니다. 책은 몇 권 빌릴 수 있죠?
B : 한 번에 5권입니다.

Excuse me! 주목을 구할 때, 몸의 접촉을 피할 때, 재채기를 하고
Chinese[차이니즈] 중국인, 중국어   check out 대출하다

아내와 딸은 모 일본 화장품 회사 초청으로 도쿄로 4박 5일 간의 여행을 떠났다. 평소 관심이 있던 헤어 쇼, 메이크업 쇼를 관람할 수 있는 절호 기회를 가졌다.

돌아오는 날 나리타공항의 기상 상태가 좋지 않다는 예보에 걱정하고 있는데 아니나 다를까 2시간이나 지연된다는 연락이 왔다. 한 시간 후, 날씨가 그만그만 해져서 여타 항공사는 탑승을 시작했지만 자기들이 탈 비행기만 여전히 지연되는 거였다.

마침내 탑승 연락을 받고 후다닥 인천공항으로 달려 나갔다. 입국장 앞 대형 안내 전광판을 보니 '도착예정' 표시만 1시간째 켜져 있다. 모든 것이 계획과는 딴판이다.

예정보다 6시간 늦게 나오는 아내와 딸을 꽉 끌어안으며,

"괜찮아?" (Are you Okay?)

"뭐, 즐겁던데, 새로운 경험이었어."

뭐야~ 헐

아 유 오케이
Are you OK?

잉글리쉬

괜찮아?

한번 들어가면 되나오기 없기, 끝장날 때까지 쪼아내기. ~나사론~

Are you Okay?
아   유   오케이

A : How have you been?
B : Not very good.
    I've been very sick since last week.
A : Are you okay now?
B : I think I'm getting better now.

A : 요즘 어떠냐?
B : 지난 주부터 별로 안 좋아.
A : 지금은?
B : 이젠 좀 좋아지는 것 같다.

How have you been? 상대편의 안부 묻기 sick 병든, 메스꺼운 since 이래, 한 때부터, 이므로 O.K=alright get better 좋아지다

75

'I beg your pardon?'

상대방이 한 말을 알아듣지 못했을 경우 말 끝을 올리고, 끝을 내리면 '미안합니다, 실례했습니다' 라는 뜻이 된다.

pardon은 '사면'이란 뜻도 있다. 즉, 형의 선고를 받은 자에 대해 형의 집행이 면제되거나 유죄선고의 효력이 상실되는 것을 말한다. 흥미로운 일화가 있다.

마리아는 우연히 남편인 알렉산더 3세의 필적이 담긴 사형 집행서를 발견했다. 그 마지막 부분은 다음과 같이 쓰여 있었다.

'사면 불가능, 시베리아로 보내야 함.'

(Pardon impossible, to be Siberia.)

그러나 마리아는 다음과 같이 쉼표(,) 위치를 바꿔 한 사형수의 운명을 바꾸었다.

'사면, 시베리아로 보내는 것 불가능.'

(Pardon, impossible to be Siberia.)

파든
Pardon?

잉글리쉬

뭐라구요?

Pardon?

파든

A : Excuse me, where can I wash my
   hands?

B : Pardon?

A : Could you tell me where the ladies' room
   is?

B : Turn left and it's at the end of the hallway.

A : 실례합니다. 손 좀 씻고 싶은데 어디서 씻을 수 있죠?

B : 뭐라구요?

A : 여자 화장실 좀 알려주세요.

B : 왼쪽으로 돌아서 쭉 가시면 복도 끝에 있어요.

---

pardon I beg your pardon?의 줄임말 wash one's hands 손을 씻다(주로
화장실에 가고 싶을 때 사용)   turn left(right) 왼쪽(오른쪽)으로 돌아

초등학교 때 우리 학원에 다녔던 학생의 어머니가 불쑥 찾아왔다. 학습상담을 하려고 온 게 아니라 일종의 하소연을 하려는 거였다. 착했던 아들이 중학생이 되자 담배를 피고 P.C 방을 전전하면서 어떤 날은 아예 집에는 들어오지도 않는다고 한다.

엄마가 회사에 출근하기 시작하고 아버지 또한 지방으로 전근 가는 통에 가족 간의 대화가 끊겨졌던 점도 이유가 될 것이다.

80년대 민해경과 김현준이 듀엣으로 불렀던 〈내 인생은 나의 것〉이란 노래가 큰 인기를 끌었던 적이 있다. 이 곡은 '청소년들에게 반발심을 유도한다.' 라는 이유로 금지곡이 되기도 했다.

비록 네 인생은 너의 것이지만 사리 판단이 생길 때까지는 엄마 아빠와 함께 설계하는 인생이란 걸 알아야 한다.

시간 나면 학원에 오라는 문자를 녀석에게 보냈더니 날아든 답장.

"신경 꺼~" (None of your business.)

난 오브 욜비즈네스
None of your business.

None of your business.

난   오브   욜   비즈네스

A : I got an A on the exam.
    What did you get?
B : It's none of your business.
A : You got a C, again.
B : No!

A : 나 이번 쪽지시험에서 A 받았어. 넌 뭐 받았어?
B : 상관하지 마.
A : 너 또 C 받았지?
B : 아니야!

business 용무, 볼일, 용건, 관심 What business has brought you here? 무슨 일로 오셨습니까?

가족과 함께 경기도 화성시 〈제암리 3·1 순국 기념관〉에 갔다.

이곳은 1919년 3·1 주민들이 장터에서 격렬한 독립만세를 외치자 일본군들이 이 교회로 주민을 모아 가둔 후 불을 지르고 총격을 가하여 23명을 학살했던 슬픈 역사의 장소이다.

기념관을 나오며 아이들은 한목소리로 '일본 놈들 정말 못됐다.'라고 치를 떨며 소리를 쳤다.

"일본 사람들이 우리 민족에게 저지른 행동은 결코 잊을 수 없지만 용서를 구하는 일본인들도 많아. 또한 그 당시 일제와 현재의 일본을 동일시 해서는 안 된다."라고 타일렀다.

하지만 나 역시 확신을 가지고 주장할 수 없다. 요즘도 그들은 패권주의적 야욕을 드러내며 과거의 잘못에 대한 진정한 반성의 기미가 없다. 음흉한 마음은 숨기고 늘 말로만 지껄인다.

"죤말로, 죄손하므니다." (I'm terribly sorry.)

아임 테러블리 소리
I'm terribly sorry.

I'm terribly sorry.
아임 　　　테러블리 　　　소리

A : Aren't you Neil?
B : No, I'm not.
A : I'm terribly sorry.
B : That's OK. I sometimes do that, too.

A : 닐 아냐?
B : 아닌데요.
A : 정말 죄송합니다.
B : 괜찮아요. 저도 가끔 그러는데요 뭘.

---

terribly 지독하게(awfully), 몹시(extremely), 굉장하게 **aren't** [안─트] = are not **do** [두] 하다

〈제비울미술관〉

나만이 홀로 간직하고 싶은 미술관 중에 한 곳이다.

아름다운 청계산 자락 제비울 마을에 우리의 전통적인 건축 양식과 현대적인 양식이 조화롭게 어우러진 미술관이다. 과천 동물원으로 갈 때 눈여겨보았지만 정작 들어가서 그림을 감상하고 판화 실습까지 한 것은 아이들이 꽤 컸을 무렵이다. 미술관 앞쪽 조각상들도 인상적이고 2층 뒷길 쪽은 운치있는 산책로가 있어 오후 한때를 즐겁게 보내기 제격이다.

아파트 알뜰장터를 따라다니며 과일과 야채를 파는 친구가 갈 만 한 곳을 추천해 달라고 해서 이곳을 알려주었다.

저녁에 잘 다녀왔는지 전화를 해보았더니,

"그 미술관 문 닫은 지 꽤 됐더라. 아빠 노릇 좀 하려고 했었는데…."

아이쿠, 정말 안 됐구나. (That's too bad.)

뎃즈 투 베드
That's too bad.

잉글리쉬

정말 안 됐다

That's too bad.
덧즈   투   베드

A : What happened?
B : I have a terrible stomachache.
A : That's too bad.
    Did you take any medicine?
B : Yes, but it's not getting better.

A : 무슨 일이야?
B : 배가 몹시 아파요.
A : 안 됐다. 약은 먹었어?
B : 네, 근데 좋아지질 않아요.

That's too bad = I'm sorry to hear that. 너무 안됐다.   stomachache[스토머케이익] 복통   take (약을)복용하다   medicine [메디슨]약

〈80일간의 세계여행〉는 쥘베른의 소설을 영화화한 작품이다. 전 세계 여행을 80일 동안에 마칠 수 있다는 내기에 2만 파운드를 건 모험 이야기다.

주인공 '포그'의 여정을 따라, 파리, 이집트, 인도와 미얀마, 홍콩을 지나가며, 특히 미국에서는 인디언의 습격으로 목숨까지 잃을 뻔한 위기도 겪는다. 또한 그를 은행 강도로 오인하고 쫓는 사립탐정과의 긴장관계가 팽팽하여 영화 보는 재미를 더해 준다.

우여곡절 끝에 런던에 도착했을 땐 이미 약속시간이 지나버렸다. 그렇지만 이는 포그 일행이 동쪽으로 세계를 한바퀴 돌았다는 사실을 알지 못했기에 생긴 착각일 뿐이다. 즉 그는 여행하면서 해가 뜨고 지는 것을 80번 보았지만 런던의 사람들은 79번밖에 보지 못한 것이다.

"오늘 무슨 요일이지?" (What day is it today?)

약속대로 12월 21일 토요일 8시 45분 도착. 미션 성공!!

35

왓 데이 이즈 잇 투데이
What day is it today?

잉글리쉬

오늘이 무슨 요일이야?

What day is it today?
왓 데이 이즈 잇 투데이

A : What day is it today? What's the date?
B : It's Saturday. September 16th.
A : The day after tomorrow is Julie's
    birthday.
B : Let's go buy a gift for her.

A : 오늘 무슨 요일이지? 며칠이지?
B : 토요일, 9월 16일.
A : 모레가 줄리 생일이네.
B : 선물사러 가자.

What day is it today? 요일 묻기 **What's the date today?** 날짜 묻기 **the day after tomorrow** 모레 **gift**[기브트]선물

막사발 작가 김용문 형의 전북 완주 〈오스갤러리〉 초대전을 도우면서 이틀간 같이 지냈다.

주말엔 지역 단체장이 찾아와서 전주 한정식을 대접받았다. 말 그대로 '상다리가 휘어질 만큼' 끊임없이 나온다.

생합과 죽순 · 생선적반 · 더덕 · 버섯 · 생선조림 · 낙지 · 불고기 · 민물새우찌개 · 육회 · 나물류 · 생선회 · 청국장 · 김 · 미나리 · 고사리 · 동치미 · 녹두묵 · 녹두전 · 게장 · 석화젓 · 토하젓 · 파전 · 홍어찜 · 갈비찜…. 계절음식인 삼계탕까지.

이 넘쳐나는 산해진미를 허겁지겁 먹고 있는데 주인 아주머니가 들어오셔서 하시는 말씀,

"더 필요한 거 없으세요?" (Is everything all right?)

아이고, 징하네, 이노무의 인정이 끝이 없구마이.

이즈 에브리띵 올 롸잇
Is everything all right?

더 필요한 것 없으세요?

Is everything all right?
이즈   에브리띵   올   롸잇

A : Is everything all right?
B : Yes, thank you.
     Can we get some extra noodle?
A : Sure.
B : This NaengMyun is really good.

A : 더 필요한 것 없어요?
B : 네, 감사합니다. 국수 사리 하나 더 주실래요?
A : 물론이죠.
B : 이 냉면 정말 맛있어요.

all right 좋다(더 없이 좋다) Everything is OK. 으로 대체해도 좋음 **extra**[엑스트라] 여분의, 추가의 **really** [뤼얼리]정말로, 진정으로 우리 학원 건물 1층에 치킨집이 있다.

대부분의 가게가 닭을 미리 튀겨 놓았다가 손님이 찾을 때마다 한 번 더 튀겨서 내놓지만 이 집은 주문을 받으면 즉석에서 10분 동안 한 번에 조리하여 손님들에게 제공한다. 그래야 맛의 차별성을 가질 수 있다는 것이다.

고소한 냄새를 쫓아 주방을 기웃거리며 사장님과 이야기를 나누다보니 눈썰미로 닭 튀기는 법을 익히게 되었다.

게다가 치킨용 파우더를 조금 덜어주어서 집에서 한번 만들어 먹어보니 이젠 손쉽게 닭을 튀겨 먹을 수 있게 되었다.

초등학교 5학년인 아들이 주말에 친구들을 몰고 왔다.

"치킨 먹어라." (Help yourself to the chicken.)

맛있게 먹는 아들을 바라 보니 내 어머니 마음을 이제야 알겠다.

헬브 욜셀프
Help yourself.

한번 들어가면 되나오기 없기. 끝장낼 때까지 참아내기. —니시콘—

잉글리쉬

좀 드세요

Help yourself.
헬프   올셀프

A : Thank you for coming to my birthday party.
There's not much, but help yourself.
B : This Jabche is tasty.
Did you make it yourself?
A : Yes, I did.

A : 생일에 와 줘 고마워요.
차린 것은 많지 않지만 드세요.
B : 이 잡채 맛있네. 네가 직접 만들었니?
A : 네.

help yourself와 유사 표현 Enjoy your meal.(food)   party[파티] 파티, 정당
tasty[데이스티] 맛 좋은

85

경기도 용인에 있는 〈토지주택박물관〉에서 주 2회씩 2주 동안 전통문화강좌을 수강했다.

강의를 같이 듣고 휴식시간에 이야기를 나누다 보니 서로 얼굴도 익히게 되었다. 수강 마지막 날은 자주 어울렸던 일곱 명이 함께 식사를 하는 자리를 마련했다. 이때 이런 자리를 많이 가져봤는지 한 분이 일어나서 말했다.

"자기가 먹은 식사비는 각자 냅시다." (Let's go Dutch.)

그 전까지 마음속으로 '이거 얼마를 내야 돼? 내야 돼 말아야 돼?' 하던 머릿속 계산은 한순간에 사라졌다.

참, 더치(Dutch)는 짠돌이로 소문난 네덜란드 사람을 지칭한다.

부자지간에도 자기가 먹은 것은 각자 계산하는 서구의 전통이 우리 전통문화강좌 수강생에게도 통하는 글로벌시대다.

렛쯔 고우 더취
Let's go Dutch.

Let's go Dutch.
렛쯔   고우   더취

A : This time, I will get it.
B : Oh, no! You shouldn't do that.
    Let's go Dutch. We're both still students.
A : OK.
B : You can treat me, when you get a job.

A : 이번에 내가 낼게.
B : 안 돼. 너 그러면 안 돼지. 각자 내자. 우린 둘 다 학생이잖아.
A : 그러자.
B : 직장 생기면 한번 사줘.

Dutch pay는 엉터리 영어 Dutch treatment. Let's go fifty-fifty on the bill.
(50대 50으로 하자)   both[보쓰]양자, 둘 다

딸이 아침밥을 먹지 못하고 학교에 갔다.

어제 동창회 모임에서 늦게 돌아온 아내가 늦잠을 자는 바람에 식사 준비는커녕 딸을 평소보다 한참이나 늦게 깨우게 된 거다. 나라도 일어나서 챙겼으면 되었을 텐데, 나 또한 영화를 밤 늦도록 보았기 때문에 곤히 자고 있었다.

'금방 준비할게 조금만 기다려.' 라고 붙잡아도 투덜거리며 문을 박차고 나가버렸다.

학창시절에 나도 어쩌다 피곤한 어머니가 아침밥을 조금 늦게 차리면 갖은 투정을 부리면서 학교에 간 적이 있다. 막상 깨워주면 이유 없이 화를 내기도 하고 이불 속에서 뭉그적거리다가 아침밥조차 먹지 않고 간 적이 한두 번이 아니었다.

"애, 아침 거의 준비됐어." (Breakfast is almost ready.)

애처롭게 딸에게 애원하는 아내의 목소리가 잠결에 들린다. 불만에 찬 얼굴로 집을 나섰던 교복을 입은 내 모습도 그려진다.

브렉휘스트 이즈 뢰디
Breakfast is ready.

잉글리쉬

아침 다 됐다

Breakfast is ready.

브렉훠스트　　　이즈　　　뤼디

A : Sarah, breakfast is ready.
B : Just give me one second.
A : Everyone is waiting for you. Hurry up.
B : Okay, I'm coming.

A : 사라야, 아침 준비됐다.
B : 잠깐만요. 금방 갈게요.
A : 모두 기다린다.
B : 알았어요. 가요.

---

ready 준비하다　유사 표현으로 all set　**second** 초(여기에서는 잠시란 의미)　**hurry up** [허리 업] 서둘러

오산을 벗어나 차로 10분 정도 가면 미공군 기지가 나온다.

그곳 부대 안을 미국 대학 분교의 교수를 따라 몇 번 들어간 적이 있다. 혹 아는 사람이 없어도 일 년에 한 번 '에어쇼' 하는 날에는 캠프 일부를 개방하여 출입이 허락된다.

기지 정문 앞 신장동에는 우리 가족이 좋아하는 멕시코 타코를 비롯하여 타이, 베트남 음식점이 있어 세계 각국의 음식들을 맛볼 수 있다. 그리고 인터넷 카페을 통해 소개된 한국식 수제 햄버거 가게도 여기저기 있다. 나는 그곳에 치킨스톡과 키타줄, 명화 복사본을 사기 위해 들르곤 한다. 오늘은 아들과 패스트푸드점에 들어갔다. 콧수염을 기르고 있는 나를 보고 영어로 묻는다.

"Are you ready to order?" (주문하시겠어요?)

"치즈 들어간 햄버거 있나요? 그리고…."

아 유 뢰디 투 오더
Are you ready?

주문 하시겠어요?

Are you ready to order?
아 유 뢰디 투 오더

A : Are you ready to order?
B : Yes, I'd like a cheeseburger with
    the works.
A : Anything else?
B : I'd like a medium fries and a small Coke.

A : 주문하시겠어요?
B : 치즈버거 모두 넣어서 주세요.
A : 다른건요?
B : 중간 크기 감자튀김과 작은 콜라도 주세요.

Are you ready to order? 의 유사표현 May I take your order?　with the works 버거에 들어가는 것을 다 넣어서　else[엘스]그 밖의

전 세계를 대상으로 하는 해외 비지니스에서 내가 담당하는 지역은 미국과 또 홍콩에 근거지를 두고 있는 영국이다.

일본과는 거래가 없어서 담당자도 없다. 해외의 문구전시회 때 만난 동종 경쟁업체와 전화 혹은 팩스를 주고받으며 관계를 유지해 올 뿐이다.

이따금 일본에 전화를 한다. 그때 여직원이 받으면 그나마 달랑 아는 일본어 몇 마디로 담당자 연결을 부탁한다.

"모시모시, 다나카상오 오넹아이시마스."

(여보세요, 다나카 씨 부탁합니다. May I speak to Tanaka?)

그러다 정작 다나카가 나오면 '헬로우' 하며 영어로 대화를 시작했다. 나의 엉터리 일어 발음이 재미있었던지 무역부 그녀는 프-훗 웃으며 전화를 바꿔주곤 했다.

그 나긋나긋한 그녀의 목소리 때문에 일본에 뻔질나게 전화하는 통에 요금 많이 나온다고 부장한테는 혼쭐 난 적도 있었다.

메이 아이 스피크 투 윌리
May I speak to Willy?

윌리와
통화 가능해요?

May I speak to Willy?

메이　아이　스피크　투　윌리

A : May I speak to Willy?
B : This is he. Who's calling, please?
A : This is Apple bookstore.
　　I have the book you ordered.
B : Thank you.

A : 윌리 있나요?
B : 네, 전데요. 누구세요?
A : 여기는 애플 서점인데, 주문하신 책이 들어왔습니다.
B : 고맙습니다.

May I speak to Willy? speak 대신 talk 사용(May I talk to~?)　order[오더]
주문　bookstore[북-스또어]서점, 책방

영어 수업을 듣는 수강생 한 분이 지난 주 겪었다는 일이다.

초등 4학년 아들의 영어 회화 실력에 도움이 될까 해서 전화로 하는 '원어민전화영어'를 신청했다. 통화는 정해진 오후 시간에 10분간 진행된다.

저녁 식사를 준비하던 수강생 그분은 마침 두부가 없어서 아들을 급히 아파트 상가 수퍼마켓으로 보냈는데 때마침 전화가 왔다. 전화영어란 것을 알았다면 애당초 받지 않았겠지만 식사 준비를 하느라 경황없이 그만 받아 버렸다.

저쪽에서 뭐라고 '쌀라쌀라' 하고 … 후다닥 지금 배우고 있는 교재를 찾아서 떠듬떠듬 읽었다.

"He is not now." (그 아이 없어요.)

한마디하고 얼른 끊었다.

주방에선 가스렌지에 올려 놓은 된장찌개가 넘치고 ….

42

톰 이 즈 낫 인 나 우
Tom is not in now.

톰 지금 없는데요

Tom is not in now.
톰   이즈   낫   인   나우

A : Hello. Can I talk to Tom?
B : Sorry. He is not in now. He called in sick.
A : I see. I will try calling his house then.
B : OK.

A : 여보세요. 톰과 통화할 수 있나요?
B : 죄송합니다. 오늘 톰이 아파서 출근하지 못했습니다.
A : 그럼 집으로 전화해 봐야겠군요.
B : 네, 그러세요.

'톰이 없다'란 유사표현 Tom is not here at the moment.   message[메세지]전갈, 전언 cf. massage[마사쥐]발음과 철자 주의

아들이 잠시 심부름을 간 사이 온 전화 영어를 한방(?)에 잘 날린 그분을 위해 덤으로 드리는 이런 표현은 어떨런지?

"아들이 곧 돌아올 겁니다." (He'll be back soon.)

그럼 저쪽에서도 '알았다. 다시 전화하겠다.' 라며 끊었을 거다. '언제 돌아옵니까?' 라고 물어볼지 모르지만 그럴 리가 만무하다.

요즘은 생활영어 교재의 '전화 대화편'이 덜 중요해졌다. 개인 휴대전화가 있어 그 쓰임새가 적어졌기 때문일 거다. 그래도 이런 문장 한 마디쯤 외워두면 요긴하게 사용할 수 있다.

"그녀는 두 시간 후에 돌아와요."

(She'll be back in 2 hours.)

그나저나 축구하러 나간 아들은 언제 돌아오려나 …

히일 비 벡 순
He'll be back soon.

He'll be back soon.
히일 비 벡 순

A : May I speak to Tom?
B : He is not in.
   Would you like to leave a message?
A : No, thank you. I'll call him again.
B : Alright, he will be back soon.

A : 톰하고 통화하고 싶습니다.
B : 지금 없는데요. 전해드릴 말씀이라도 있으세요?
A : 아니요. 다시 전화 드리겠습니다.
B : 그러세요, 그분 곧 30분 내 곧 돌아올 겁니다

---

be back 돌아오다   soon[순] 곧   leave 남기다 두고가다(오다)   alright
[올롸이트]=all right   in 부사(집, 사무실에) 있다

한때는 꼭두새벽부터 기업체를 찾아가며 강의를 하고 오전에는 문화센터나 도서관에서 영어를 가르쳤다.

학원으로 돌아온 점심시간부터 저녁 늦게까지는 초·중·고등학생들을 가르치느라 정신이 없었다. 그러다 보니 식사 한번 제때에 즐기면서 할 수도 없었다.

하지만 그것보다 전화 받는 일이 가장 어려운 것 중에 하나다.

수업에 들어가기 전에 매너 모드로 바꾼 휴대폰을 수업이 끝나도 해제하질 않아 하루종일 전화를 못 받기 일쑤다. 설령 받더라도 수업 중인 경우가 대부분이다 보니,

"10분 후에 전화 할게."

(I'll get back to you in ten minutes.)

하고 잊어버린 경우가 부지기수였다.

친구들아 용서해라. 나 좀 바빴어.

아일 겟 백 투 유 인 텐 미니츠
I'll get back to you in ten minutes.

십분 후에 전화할게

I'll get back to you in ten
아일 겟 벡 투 유 인 텐
minutes.
미니츠

A : Hello.
B : Hi, Neil. It's me.
  Honey, did you have lunch?
A : Sorry, I'll get back to you in 10 minutes.
B : Okay, just give me a call, when you're done.

A : 여보세요.
B : 안녕 닐. 나야. 당신 점심 먹었어?
A : 미안 나 지금 너무 바빠. 10분 후에 전화할게.
B : 일 끝나면 전화 해.

get back 되돌아오다 (전화를)다시 하다 have lunch 점심먹다 in ten
minutes 10분 내 be done 완성하다

봄을 만끽하고자 놀이동산 E랜드에 갔다.

〈장미축제〉 기간이었는데 그 화려한 꽃들의 향기에 정신이 팔려 그만 아내와 딸을 잃어버리고 말았다.

엎친 데 덮친 격으로 휴대전화를 차에 놓고 오는 바람에 연락을 취할 방법이 없었다. 공중전화가 있긴 하지만 카드 사용만 가능했다. 그때 벤치에 앉아 있는 여대생들을 보고 다가갔다.

"May I use your phone?"(핸드폰 좀 빌려 쓸 수 있나요?)

엄지와 새끼손가락을 치켜세워 얼굴에 갖다대며 영어로 부탁을 했더니 한 학생이 이내 빌려준다. 전화를 받아들고 거친 목소리로,

"당신 어디 있어, 도대체….."

전화를 되돌려주자 학생들이 한방 터졌다는 듯 깔깔 댄다.

'콧수염 길렀다고 다 이방인인가, 뭐'

메이 아이 유즈 욜 휜
May I use your phone?

전화 좀
사용해도 될까요?

May I use your phone?
메이   아이   유즈   욜   휜

A : May I use your phone?
B : Sure, here it is.
    What's wrong with yours?
A : I think I left it at the coffee shop.
B : Oh, then you should call them if it's there.

A : 전화 좀 사용해도 될까?
B : 물론이지. 자~ 여기 있다. 근데 네 전화기는?
A : 내 생각에 커피숍에 놓고 온 것 같애.
B : 그럼 거기 있는지 전화해야겠다.

May I~ 상대방에게 정중하게 부탁   here it is 여기 있다   What's wrong?
무슨 일이야?   left[레프트]leave 의 과거형   if(=whether) ~인지 아닌지?

국제화 시대에 살면서 전 세계에서 가장 폭넓게 통용되는 달러의 단위 정도는 알아두면 좋다.

　일단 지폐는 $1, 2, 5, 10, 20, 50, 100, 500 단위로 나가고 동전은 1¢, 5, 10, 25, 50, 100(실제로는 1, 5, 10, 25가 사용)이 있다.

　아내와 라스베이거스를 비롯한 미국 서부지역을 갔다. 저녁에 호텔에서 미국의 화폐단위를 설명하면서 돈에 관련된 문장도 몇 개 알려주었다. 다음 날 일행과 일주일 동안 구경도 못한 한국 음식을 먹기로 했다. 걸어가기에는 좀 멀고 차 타고 가기에도 애매한 거리지만 내일의 여정을 생각하여 택시를 불렀다.

　목적지에서 내리는데 아내가 선뜻 20달러 지폐를 내밀며 혀 꼬부라진 발음으로 한마디 한다.

　"Keep the change."(잔돈 챙겨두세요. 기사님)

　요금이래야 기껏 10달러 조금 더 나왔을 뿐인데.

킵 더 췌인쥐
Keep the change.

잉글리쉬

잔돈 넣어 두세요

Keep the change.
킵　　　더　　　췌인쥐

A : Here we are. This is it.
B : How much is that?
A : That'll be 8,700 won.
B : Here's 10,000 won. Keep the change.

A : 다 왔습니다.
B : 얼마죠?
A : 8,700원 입니다.
B : 여기 만 원입니다. 잔돈은 가지세요.

---

keep 가지다　　**change** 잔돈(절대 changes 복수형 사용금지)　small
change　　**That will be~** ~되겠다

대학 2학년 여름방학 때였다. 친구들과 의기투합하여 설악산 등반에 나섰다.

서울 상봉동에서 버스를 타고 인제에 내려 백담사를 거쳐 대청봉까지 올라가는 코스를 타기로 했다.

싱싱한 젊음으로 상징되는 대부분의 대학생들과는 달리 우린 그동안 지나친 흡연과 음주로 인해 육체는 찌들대로 찌들어 있었다. 산을 오르기 시작한 지 2시간도 채 못돼서 숨이 가빠오고 다리까지 후들후들거리기 시작했다. 산을 내려오는 사람을 존경의 눈빛으로 쳐다보며,

"정상까지 얼마나 걸리죠?" (How long will it take?)

그들은 한결 같이 웃으며 대답한다.

"조금만 힘 내시면 됩니다."

분명 2시간 전에도 그랬는데, 또 그 소리다.

하우 롱 윌 잇 테이크
How long will it take?

How long will it take?

하우 롱 윌 잇 테이크

A : Can I send this box to U.S.A?
B : Of course. Let me check the weight.
A : How long will it take by an express?
B : It will take about a week.

A : 이 박스 미국으로 보낼 수 있나요?
B : 물론이죠. 무게를 재어 봅시다.
A : 급송 항공으로 보내면 얼마나 걸릴까요?
B : 일주일 정도요.

How long~시간의 경과를 물어볼 때   send 보내다   express[익스프레스]특급   weight[웨이트] 명 무게 weigh[웨이] 동 무게를 재다

천안에 있는 모 기업체에 토익 기초반과 중급반이 개설되어 두 사람이 한 조로 강의를 시작했다.

　수강생 입장에서는 오고가는 데 허비하는 시간을 아낄 수 있고 강사는 수강생 탈락의 공포나 재수강시키는 부담에서 벗어나는 윈윈게임이라 할 수 있다. 중급반을 담당하는 여자 강사는 늘 강의에 5~10분씩 늦는다. 그때마다 '차가 이상하다.' 며 내게 연락을 한다.

　그날도 강의를 시작한 지 20분이 훌쩍 넘었건만 코빼기도 보이지 않고 전화 한 통 없다. 연락을 계속했는데도 받지 않더니 잠시 후 문자가 내 핸드폰에 찍혔다.

　"차가 고장 났어요." (My car broke down.)

　미국에서 타고 다니다가 배로 실어 가져온 그녀의 외제차는 아무래도 한국의 토양에 잘 적응하지 못하는 것 같다.

마이 카 브로크 다운
My car broke down.

한번 들어가면 되나오기 없기, 끝장날 때까지 침어내기. -니시콘-

차가 고장났어요

My car broke down.
마이 카 브로크 다운

A : Why didn't you show up for class this
    morning?
B : My car broke down.
A : What happened?
B : I don't know.

A : 아침 강의에 왜 안 나타났어?
B : 차가 고장 났어요.
A : 뭐가 잘못됐니?
B : 나도 모르겠어요.

---

break down (엔진, 기계)고장나다   show up 나타나다   class[클래스] 수
업   this morning 오늘 아침   happen[해픈] 발생하다

시내 구둣가게 앞을 지나다 쇼우 윈도우를 통해 주인 아저씨가 안에 있으면 이따금 들어가 차 한 잔 얻어 마시며 이야기를 나눈다. 그는 30여 년 이상 이 분야 마케팅 전문가로 일선에서 뛰다가 퇴직 후에 가게를 오픈했다.

차를 마시다 사람이 들어오면 사장님은 벌떡 일어나 그에게 다가가 서빙을 한다. 그런데 어떤 때에는 사람이 들어와도 인사만 하고 그냥 외면한다.

그래서 '왜 손님 차별해요?'라고 농담 섞인 질문을 던졌더니 손님 중에는 이것저것 설명하는 것을 싫어하는 사람들이 있다고 한다.

본인 스스로 매장을 둘러보며 뚫어지게 처다보기도 하고 신발 속에 손을 집어 넣어보기도 한다. 정작 살 생각이 있으면 그때 주인을 부른다고 한다. 여러분은 어떤 부류의 손님이세요?

"난, 구경만 할 게요."라며, 꼭 사는 부류다.

(I'm just looking around.)

아임 저스트 루킹 어롸운드
I'm just looking around.

I'm just looking around.

아임　　　저스트　　　　　루킹　　　　　　어롸운드

A : May I help you, ma'am ?
B : I'm just looking around.
A : All right. If you need anything, let me
　　know.
B : Okay. Thank you.

A : 도와드릴까요 ?
B : 그냥 구경만 할께요.
A : 그래요, 만약 궁금한 거 있으면 절 부르세요.
B : 그러죠. 고마워요.

---

look around 둘러보다(유사표현으로 I'm just browsing. 구경만 할께요,
Browsers welcome! 구경꾼도 환영　**ma'am** =madam의 줄임말

바람의 도시, 미국 시카고의 〈시카고컵스〉 프로 야구팀은 야구장 공사중에 나온 벽돌을 벼룩시장에 내다 팔고 있다.

시카고 시민들의 야구에 대한 사랑도 대단하지만 '이거야 정말 벼룩시장에는 없는 게 없구나' 하는 생각이 절로 든다. 하지만 말과 달리 벼룩은 한 마리도 없지만 값나가는 골동품에서부터 자기가 입던 속옷에 이르기까지 온갖 잡동사니들이 가득하다.

그곳 벼룩시장을 찾았을 때 한켠에 영감님 한 분이 모자와 몇 가지 속옷을 벗어놓고 술에 취해 꾸벅거리고 있다.

"영감님, 이것들 파는 거예요?" (Is this for sale?)

나는 그의 단잠을 깨우는 무례를 범하기 싫어 1달러를 옷 위에 올려놓고 모자를 하나 집었다. 모자를 눌러 쓰고 미시건호에서 불어오는 바람을 맞으며 길을 걸었다.

이즈 디스 휘 세일
Is this for sale?

이거 파는 거예요?

Is this for sale?
이즈   디스   휘   세일

A : Is this for sale?
B : Yes, it is.
A : How much is that on the wall?
B : 20 dollars, but it's on sale. So it's just
    15 dollars now.

A : 이것 파는 겁니까?
B : 네.
A : 벽에 있는 저건 얼마입니까?
B : 20달러인데 할인판매 중입니다. 그래서 15달러입니다.

for sale 판매용 ↔ not for sale 비매품(판매 안하는 것) cf. on sale 할인 판 매   **wall** 벽 wall paper 벽지

나는 모자를 참 좋아한다.

거리에서 챙이 큰 모자를 멋지게 쓴 여자나 캡이 얼굴의 일부인 양 어울리는 여자만 보면 사족을 못 쓴다. 어떤 특정 물건에 각별한 애호를 들어내는 '패티시즘'에 가깝다.

최근 나보다 100배는 모자를 더 사랑하는 사람을 찾았다.

경기도 수원 방화수류정 옆 〈김건식모자박물관〉 관장님이다.

비록 한 칸짜리 가게 겸 박물관이지만 천여 개의 각양각색의 모자들이 빼곡하게 들어차 있다. 일제시대 일본군 장교의 군용모는 물론 몽골과 인도 등 아시아권 전통 모자가 다양하게 진열돼 있다.

어렸을 때 아버지가 씌여 준 '도리우찌'(사냥모자, 납작모자로 순화)를 쓰고 거울을 보는 내게 관장님이 한마디 한다.

"고 원장, 그 모자 잘 어울린다."(It looks good on you.)

51

잇 룩스 굳 온 유
It looks good on you.

It looks good on you.
잇 룩스 굳 온 유

A : How about that brown one over there?
B : Well, let me try it on.
A : It looks good on you.
B : You think so?

A : 저기 갈색은 어떻습니까?
B : 음, 한번 써보죠.
A : 정말 잘 어울리는군요.
B : 정말 그래요?

---

over there[오우버 데어] 저기　try~ on 입어(써, 끼어) 보다　It looks good on you.(유사표현 It becomes on you.)　I think so. 그렇게 생각해.

딸아이가 중학생이 되더니 키가 엄마만큼 훌쩍 커졌고 숙녀 티가 제법 나기 시작한다.

이젠 외모에 관심이 많아 장롱에 있는 엄마 옷도 살짝살짝 꺼내 입기도 한다. 홈쇼핑으로 막 배달된 엄마 옷을 넘보다 혼나기도 했다. 툭하면 새 옷을 입고 내가 작업하고 있는 방으로 들어와 한다는 말,

"아빠, 나 어때?"(How do I look?)

옷이 촌스럽다며 핀잔까지 주는 내게 딸과 아내는 번갈아 새 옷으로 걸치고 나타나 '나이뽀?'(Do I look fine?)하며 되묻는다. 힐끗 쳐다보고 "어, 아주 예뻐."라고 건성으로 대답한다.

눈치를 못챈 건지 무시하는 건지 그놈의 똑같은 질문을 끊임없이 해댄다.

하 우 두 아 이 룩
How do I look?

잉글리쉬

나 어때?

How do I look?
하우 　두 아이 　룩

A : You've got a new dress?
B : Yes, how do I look?
A : You look nice.
B : Thank you.

A : 너 어제 원피스 샀구나?
B : 응. 나 어때?
A : 예쁘다.
B : 고마워.

You have got= You've got(미국식 구어체 표기)　**dress** 옷　**look** 보이다
(보다와 혼용 주의)

"여보, 앞으로는 밥도 준비해 봐?"

주말에 스파게티, 리조또, 고추잡채, 탕수육 등을 만들어 가족들에게 내놓자 아내는 한술 더 떠 요구한다. 특별한 '요리'가 아닌 끼니를 때우는 소위 '밥'을 해보라는 거였다.

주말 식사를 전담하다 보니 어느새 평일 아침도 내 차지가 되었다. 물론 요리에 관심이 많은 내가 좋아서 하는 일이지만.

가족들과 하는 '외식' 횟수는 부쩍 줄어들었지만 친척들과의 모임은 오히려 잦아졌다. 초대한 친척마다 엄지손가락을 치켜세우니 TV 요리시간 만큼은 놓칠 수 없다. 군에서 막 휴가 나온 조카에게 물었다.

"외식할까." (Why don't we eat out?)

"집에서 삼촌이 맛있는 음식 해주세요."

언제까지 요리를 할지 모르지만 당분간 우리 동네 식당 문 좀 닫아 놔야겠다. ㅋㅋ

와이 돈 위 이트 아웃
Why don't we eat out?

Why don't we eat out?
와이　　　돈　　　위　　　이트　　　아웃

A : Why don't we eat out?
B : Sounds great.
A : Let's try the new Taco place in downtown.
B : OK. Hurry up.

A : 외식할까?
B : 오~, 좋지.
A : 시내에 새로 생긴 타코집에 가 볼까?
B : 그래. 서두르자.

---

eat out = dine out 외식하다　　It sounds great. 좋게 들리다.　　Let's go~
= Why don't we~　　Shall we go~ 하자　　downtown 시내

지금은 없겠지만 예전에는 아버지 직업을 거수로 조사하던 황당한 때가 있었다.

아빠가 회사에 다니는 아이들은 손을 바짝 치켜들고 주위를 둘러본다. 하지만 서울에서는 아주 드문 '농업직'에 손을 들었다면 아이들의 킥킥거리는 웃음소리를 감수해야 했다.

신문보도에 의하면, 직업의 숫자가 1만3천 개(2008년)로 불과 40년 만에 새로운 직업이 1만 개나 더 생겼다고 한다. '실업'도 어찌보면 일자리가 부족해서라기보다 몇몇 선호하는 직업에서 찾으려다 보니 수요와 공급이 불일치하기 때문이다.

학생들이 선호하는 '교사직'은 몇 년 후엔 전망이 밝은 편이 아니다. 반면 간호사, 생명과학 연구원, 간병인, 응용소프트웨어 개발자, 식품공학기술자 등이 뜨는 직업이 될 것이다.

자신의 적성과 미래지향적인 직업들을 빨리 알아보자.

왓 두 유 두
What do you do?

잉글리쉬

너 직업이 뭐냐?

What do you do?
왓 　 두 　 유 　 두

A : Your father looks very kind.
B : Yeah, he helps a lot of peple.
A : Really? What does he do?
B : He is a social worker.

A : 너희 아빠 참 친절한 것 같아.
B : 그래, 많은 사람들을 도와주셔.
A : 그래? 직업이 뭔데?
B : 사회복지사야.

What do you do? = What do you do for a living?　**kind**[카인드] 친절한
a lot of[어랏오브]= many 많은　**social worker** [소셜워커]사회복지사

아래층에 사는 귀여운 유치원생 '니베이어'가 내게 크리스마스 카드를 보내왔다. 알파벳은 어디서 익혔는지 또박또박 글자를 썼는데 이런, christmas의 't'가 빠진 게 아닌가?

우리말 '닭'에서도 'ㄹ'를 무시하고 '닥'이라고 발음하는 경우가 있다. 발음을 해보니 't'소리가 안 나오니까 쓰지 않았을 수도 있겠다. 물론 't'자를 발음한다고 해서 큰일 나는 것은 아니지만 미국인들은 대게 자음이 세 개 연속 오면 가운데 't', 'p' 등은 생략한다. 예들 들자면,

sandwich〔샌드위치→샌위치〕, grandfather〔그랜드화터→그랜화터〕, empty〔엠프티→엠티, 텅빈〕 pumpkin〔펌프킨→펌킨, 호박〕.

하지만 예외없는 규칙 없듯, street (스트리트, 거리)처럼 단어 앞에 자음이 세 개가 연속되면 아무 일 없다.

참, 니베이어(nevaeh)는 천국(heaven)을 거꾸로 쓴 것.

메리 크리스머스 세임 투 유
Merry christmas! Same to you.

Merry christmas! Same to
메리 　　　크리스 머스 　　　　세임 　　투

you.
유

A : Merry christmas.
B : Same to you!
A : Are you going anywhere?
B : I'll probably just stay home with my family.

A : 메리 크리스머스!
B : 너도.
A : 어디 갈거니?
B : 아니 아마 집에 가족과 같이 있을 거야.

Same to you! [세임투유] 너도 같다　anywhere[에니웨어]의문문에서 어
딘가에(로)　probably[프라버블리] 아마도

꼭 10년 만에 대학 영어연극 동아리 모임에 나갔다.

정기적인 모임이 결성된 것은 아니고 누군가가 제안하여 초기 맴버를 비롯하여 올해 졸업생까지 다 모이게 된 것이다.

남학생 여학생들 모두 생활에 찌든 냄새가 역력하다. 그래도 가장 크게 변한 사람으로 '어워먼'(A woman)을 지적하는데 아무도 주저하지 않았다. 그녀는 영어 발음 좋고 신체적 조건도 그만인데 그놈의 수줍음 때문에 〈세일즈맨의 죽음〉에서 누구도 눈여겨보지 않는 바의 '여자' 역할에 만족해야 했다.

지금 그녀는 대학에서 '희곡론'을 강의하면서 학생연극 연출를 하고 또 기성극단 공연에도 참여한다고 한다. 그녀에게 맥주를 따르니 아주 큰소리로 외친다.

"형, 가득 따라!"(Fill it up!)

"나, 옛날의 그 어 워먼이 아냐. 하하!"

휠 잇 업
Fill it up!

한번 들어가면 되나오기 없기, 끝장낼 때까지 참아내기 -나사론-

잉글리쉬

가득 넣어주세요

Fill it up!

휠 잇 업

A : Fill it up?

B : With unleaded premium, please.

A : How about the oil, Sir?

B : Yes, please.

A : 만땅요?

B : 네, 고급 휘발유로 넣어주세요.

A : 오일도 확인할까요?

B : 네.

Fill it up it는 자동차를 가르킴(her 라고도 사용) **unleaded**[언레디드]무연의 **premium** [프리미엄]우수한, 고급의

123

중학교 환경연극 강의가 끝나서 학생 식당으로 향했다.

군 시절 추억 때문인지 유독 스텐 식판으로 받아먹는 밥이 좋다. 그래서 기업체에서 운영하는 박물관, 미술관에 가면 늘 사내 식당을 이용한다. 식당에 막 들어서려는데 교무주임 선생을 만났다. 근처에 잘 하는 추어탕집이 있으니 나가서 먹자고 청했지만, 다음을 기약하며 오늘은 학교 식당에서 아이들과 같이 먹자고 했다.

오늘의 메뉴는 '설렁탕'이다. 밑간은 되어 있지만 기호에 따라 더 넣을 수 있도록 조그만한 소금 단지가 테이블에 놓여 있다.

"야, 소금 좀 패스 해 봐?"(Pass me the salt.)

"녀석들 축구 좋아하니까 별 걸 다 패스 하라고 하네. 허허!"

나도 맞장구쳤다. "그러게요."

'선생님, 그러나 식탁에서 물건 줄 때 '패스'가 맞거든요.'

57

패스 미 더 솔트 플리즈
Pass me the salt, please.

소금 좀 주세요

Pass me the salt, please.

패스 　 미 　 더 　 솔트 　 플리즈

A : Pass me the salt, please.
B : Here you are.
A : Thank you.
B : How about the pepper?

A : 소금 좀 주세요.
B : 여기 있습니다.
A : 감사합니다.
B : 후추도 줄까요?

---

pass 전달하다, 넘겨주다, 전해 주다, (식탁 등에서 물건을)돌리다 **pepper**[페퍼] 후추가루

수원에 있는 '갤러리 눈'으로부터 초대장이 날아왔다.

'갤러리 눈'의 레지던시 창작 공간 〈내건너창작마을〉에서 오픈하우스를 하며 인근 지역 외국인들과 '함께하는 프로그램'을 시작하는 날이다.

생고기 돌판구이와 생선구이, 시루떡, 뜨끈한 어묵, 그리고 소주와 막걸리까지 먹거리도 푸짐하다. 행위 예술가 김성배 님을 비롯한 다양한 장르의 작가들과 이야기를 나누었다. 또한 화성문화재단이 후원한 하우스 콘서트에서는 대금, 해금, 가야금으로 이루어진 '국악 앙상블'이 산조 합주, 도라지 타령 등을 들려주었다.

앞으로 '갤러리 눈'과 이곳 〈내건너창작마을〉은 수원 지역을 중심으로 문화 플랫홈 역할을 톡톡히 낼 것이라는 확신이 섰다.

행사를 마치고 일행과 함께 나오는데 관장님이 와 줘서 고맙다고 인사를 건넨다. 오히려 우리가 더 유쾌한 시간을 보냈는데.

(We had a wonderful time.)

위 해드 어 원더풀 타임
We had a wonderful time.

우리
정말 즐거운 시간있습니다

We had a wonderful time.
위   해드   어   원더플   타임

A : Where were you this afternoon?
B : I went to the Lotte World with Jane.
A : How was it?
B : We had a wonderful time there.

A : 어디 갔다왔니?
B : 제인과 롯데월드에 다녀왔지.
A : 어땠어?
B : 정말 좋은 시간이었어.

---

have 동 가지다, 경험하다 란 의미(Have a wonderful time! 멋진 시간 가져라.) this afternoon 오늘 오후

쥐새끼 같은 넘... 밸트무늬의 티셔츠네!
어디서 샀을까?

Fasten your seatbelt!
(벨트 매!)

2

미국 서부 지역 거래처를 순회하는 비즈니스 여행이다.

떠나기 전 각 거래처에 미리 연락을 취해 일정을 정하고 L.A 의 전속 에이전트에게도 업무 협조를 부탁해 두었다.

도착 즉시 부장과 같이 기존 거래처를 바삐 둘러보고 다음날 부터는 에이전트 대표인 제프김과 신규 거래처 섭외에 나섰다.

금요일 오후, L.A 일정을 마치고 뉴욕으로 가기 전 로돈도 비 치에서 휴식을 취했다. 이곳은 한국에서처럼 즉석에서 생선과 게를 먹을 수 있는 곳이다. 한국말이 아주 시원치 않지만 제프와 처음으로 점심을 같이 하며 업무 이외의 개인적인 이야기를 나 누게 되었다.

이야기를 하다 보니 놀랍게도 그는 내가 다니던 서울의 초등 학교 동기 동창이었다. 난 종로구 누상동, 그는 옥인동에 살았던 것이다.

야, 정말 세상 좁네. (It's a small world.)

이쯔 어 스몰 월드
It's a small world.

It's a small world.
이쯔   어   스몰   월드

A : Do you know John?
B : Sure, he sat next to me in high school.
A : It's a small world.
B : You know John, too?

A : 너 존 알아?
B : 당근이지, 걔 고등학교 때 내 짝꿍이었잖아.
A : 그렇구나, 세상 참 좁네.
B : 너도 존 알아?

It's a small world.(= small world)   sat[셋] sit (앉다)의 과거형   next to~
의 옆에   You know?(=Do you know~) 너 알지?

성인 대상 수업 때에는 영어 이외에도 내가 주말에 다녀온 박물관, 미술관, 공연 등 다양한 소재에 관한 정보를 준다. 이야기를 다 끝내고는 개그맨이 유행어를 말하듯,

"내일 한가하세요? 가족들과 문화피크닉 떠나보세요."

(Are you free tomorrow?)

수업시간에 쓸데없는 이야기한다고 싫어하는 분도 있을지 모르겠지만 오히려 수강생들은 좋아하고 메모까지 하는 분도 있었다. 휴식시간에 수강생 한 분이 찾아와서, '내일 한가하세요?'라고 묻는다.

이렇게 해서 시작된 용인에 있는 사회복지원에서의 초중생을 위한 일요일 영어 강의. 그곳에 전현직 영어교사인 형과 형수는 정녕 한가하지 않은 주말에 근 4년 동안 한 번도 쉬지 않고 봉사를 나갔다.

"여러분도 한가하지 않은 시간 쪼개서 좋은 일 많이 하세요."

내가 그런 말 할 자격이 있나?

알 유 후리 투마로우
Are you free tomorrow?

잉글리쉬

내일 한가해요?

한번 들어가면 되나오기 없기, 끝장낼 때까지 참아내기. ―나사론―

Are you free tomorrow?
알   유   후리   투마로우

A : Are you free tomorrow?
B : Yes, I didn't plan anything. Why?
A : How about going to a play with me?
B : Great!

A : 내일 한가하세요?
B : 예, 특별한 계획은 없어요. 왜요?
A : 저랑 연극 가실래요?
B : 좋죠.

---

free 할 일이 없는, 한가한(at leisure)   plan [플랜]계획하다, 궁리하다 cf.
plan to~할 작정이다   How about +~ing 어때 (상대방의 의견 묻기)

혈혈단신 이북에서 피난 내려오신 아버지는 이남에서 곧바로 공군 통신 부대에 입대했다. 그렇게 6·25를 전후하여 미군들과 6~7년 간을 함께 보내셨던 것이다. 전역 후에는 미군 물자를 거래하는 일도 하셨다. 그래서 우리 집에는 늘 미군 군용 식사 씨레이션(MRE) 박스가 널부러져 있었다.

여느 가족이라면 3대가 함께 식사할 때 어려움이 많다고 한다. 할아버지와 할머니는 전통 한식을 주로 선호하시고 손주들은 서구적인 음식을 좋아해서 중간에 있는 우리 같은 세대는 어느 장단에 맞춰야 할지 어리둥절할 것이다. 하지만 이것은 우리에게는 남의 나라 이야기다.

스테이크면 스테이크, 파스타면 파스타, 피자면 피자 이런 음식은 아버지와 어머니가 오히려 더 좋아하신다.

"아버지, 식사 다 하셨어요." (Are you done with it?)

03

아 유 단 위 드 잇
Are you done with it?

한번 들어가면 되나오기 없기, 끝장낼 때까지 참아내기, —니시론—

다했어요?

Are you done with it?
아 유 단 위드 잇

A : Can you come to Jerry's party?
B : No, I am doing my homework.
　　Are you done with yours?
A : Oh, my goodness.
B : You'd better start now. It's a lot.

A : 제리의 파티에 올래?
B : 안 돼, 숙제하고 있어. 참 넌 다 끝냈니?
A : 아~참! 이런...
B : 지금 시작하는 게 좋을 걸. 엄청 많아 ㅋㅋ

done[단]do의 과거분사, 형용사로 끝내다(=finished)　goodness[굳니스]
감탄어(god 대용어)　start[스타트]시작하다

약속 시간에 조금만 늦어도 '코리안타임'이란 단어를 들먹이며 우리 자신을 비야냥거리던 시절도 있었다. 실상은 미국인들이 우리와 다른 시간 기준을 가지고 있던 데서 출발한 오해였다.

아무튼 앞으로는 이런 단어가 쏙 들어갈 거다. 대한민국 기술로 표준시계가 개발되었다. 최대 30만 년 동안 1초의 오차가 발생할 수 있다는 세계 최고 수준의 원자시계이다. 이는 원자에서 내보내는 파장이나 공명을 진동기준으로 사용한다.

앞으로는 통행금지 12시가 울리기 전에 신데렐라는 집으로 정확히 돌아갈 수 있게 될 것이다. 이런 첨단 시대에 아내는 오늘도 진부한 조크를 아들에게 하고 있다.

"엄마! 지금 몇 시야?" (What time is it?)

"오산시, 여러분, 담배꽁초."

04

왓 타임 이즈 잇
What time is it?

잉글리쉬

What time is it?
왓　　　타임　　이즈　잇

A : Hurry up! We'll be late for the movie.
B : What time is it now?
A : It's 1 o'clock.
B : Don't worry. We still have 30 minutes.

A : 서둘러. 영화 늦겠다.
B : 지금 몇시야?
A : 1시야.
B : 걱정마. 아직 30분 남았어.

시간을 묻는 표현 Do you have the time? 이때 반드시 the를 넣어야 한다.
Do you have time? 은 단순히 '시간 있냐?' 는 표현　still 아직도

한국에 본사를 둔 미국 주재 전자회사에 근무할 때 미국 최대의 도박 도시 라스베이거스와 리노를 들락날락거렸다.

두 도시의 호텔은 관광객들로 넘쳐난다. 만나는 사람마다 밝은 표정으로 인사를 나누고 상대방에 대한 작은 배려도 아끼지 않는다. 느린 걸음으로 엘리베이터를 타려는 노부부에게,

"발조심 하세요." (Watch your step!)

라며 문을 살짝 잡고 말했더니 '땡큐'란 말과 함께 미소가 되돌아온다.

그날 저녁 시애틀에서 온 노부부를 바에서 우연히 다시 만났다. 다음날 경비행기를 함께 타고 호수를 둘러보는 낭만적인 한때를 보냈다. 따뜻한 말 한 마디가 가져다 준 인연이었다.

여러분들도 아파트에서 만나는 노인 분이나 아이들에게 건네보세요. '안녕하세요.'

왓치 욜 스텝
What your step.

잉글리쉬

발 조심해!

Watch your step!
왓치   올   스텝

A : Be careful!
B : Pardon?
A : You'd better watch your step!
　　The road is icy.
B : Oh, it does.

A : 조심하세요.
B : 뭐라고?
A : 발조심 하라구요! 길이 빙판이잖아요.
B : 아, 그러네.

watch your step 바닥이 미끄럽거나, 엘리베이터, 에스컬레이터를 탈 때 쓰는 말　icy[아이시]얼음으로 덮힌　icy roads 빙판길

블라디보스톡에서 온 이방인들을 데리고 북촌 투어를 갔다.

북촌문화센터, 옻칠 공예방 등 특이하고 아담한 박물관 등 눈앞에 펼쳐지는 이국적인 풍경에 알렉스의 눈이 휘둥그레진다.

감사원을 지나 삼청동 쪽으로 내려가니 곳곳에 박혀있는 갤러리들과 아기자기한 공방, 예쁜 카페들이 보인다. 이번에는 두 명의 러시아 여성들이 어쩔 줄 몰라하며 좋아한다. 그들 중 예나는 한국을 세 번이나 방문했지만 이런 곳은 처음이라며, 귀고리, 반지, 한지 편지지를 구입했다.

점심을 먹고 인사동 쪽으로 이동하려 했더니 알렉스가 이젠 많은 인파며 동행한 여자들의 쇼핑이 지겹다는 표정이다. 여자들이 한 치의 전진도 없이 이 집 저 집 기웃거리는 것도 그렇지만 어느덧 드넓은 설원에서 혼자만 사냥을 즐기던 기질이 되살아난 모양이다.

좋아, 오늘은 여기까지. (That's enough for today.)

06

텟쯔 이너프 훠 투데이
That's enough for today.

잉글리쉬

오늘은 그거면 충분해

That's enough for today.
텟쯔　　　이너프　　　휘　　　투데이

A : That's enough for today.
B : Wow, I'm so tired.
A : How about we go get a beer?
B : That's a good idea.

A : 오늘은 그만하자.
B : 헉!! 너무 피곤하다.
A : 맥주 한잔 하러 갈까?
B : 좋지.

enough 충분한, 부족함이 없는 Let's call it a day 오늘은 이만 그만 하자.
beer 맥주 cf. draft beer [드레프트 비어]생맥주

아내는 점심도 거른 채 친구의 재혼식 참석을 서두르고 있다.

재혼식도 결혼식처럼 똑같이 양가 부모님 모시고 친지, 친구들을 증인 삼아 웨딩마치를 울리는 것인지 궁금하다. 옛날 같으면 남부끄러워 할 일을 남부러워 할 일이라며 친구들이 더 들떠 있다.

출장을 빙자하여 외박이 잦았던 남편과 대판 싸우고 아내 친구는 3년 전 이혼을 감행했다. 결혼 전부터 허랑방탕한 남편 때문에 그녀는 '나 스티브와 헤어졌어.' (I broke up with Steve.) '나 그랑 잘 지내.' (I'm getting with him.)라며 변덕이 죽 끓듯 했다.

오늘 야외에서 가든파티를 하는 이 커플에게 친구들은 '그놈이 그놈이야. 그럴 바엔 구관이 명관.' 이라며 꽃가루를 힘껏 날려줄 계획이다.

아이 브록 업 위쓰 스티브
I broke up with Steve.

잉글리쉬

스티브랑
헤어졌어

I broke up with Steve.
아이　브록　업　위쓰　스티브

A : You don't look well. What's wrong?
B : He said, he doesn't love me anymore.
A : Oh, I'm sorry to hear that.
　　So, you broke up with Steve.

A : 얼굴 안 좋아 보인다. 뭔 일이야?
B : 그애가 날 더 이상 사랑하지 않는대.
A : 이런, 안 됐다. 스티브랑 헤어졌구나.

---

said[세드] say(말하다)의 과거형　not~ anymore[에니모어] 더 이상 ~이
아니다.　I'm sorry to hear that. 안 됐다.

외국영화를 보면 여행 중에 히치하이킹하는 장면이 나온다.

예쁜 아가씨가 차를 태워달라며 엄지손가락을 치켜세우는 대신 늘씬한 다리를 쭉 내보이는 씬이 인상 깊다.

내 기억 속에 가장 진하게 남아 있는 '차를 태워 달라.'는 장면은 군입대영장을 기다리던 어느 해에 보았던 안성기, 김수철, 이미숙 주연의 〈고래사냥〉이다.

눈 내린 강원도 고갯길을 걸어 넘어가던 주인공들이 운좋게 지나가던 차를 잡았다. 태워달라고 부탁을 하는데 재수 없게도 그 차는 운전석 옆에는 한 사람 밖에 탈 수 없는 냉동차였다.

하하!

보험하시는 한 부모가 아들이 보냈다는 문자를 내게 '전달'해 왔다.

'엄마, 숙제하다가 학원 차 놓쳤어. 차 좀 태워줘?

(Would you give me a ride to the Hakwon.)

우드 유 기브 미 어 롸이드
Would you give me a ride?

잉글리쉬

차 좀 태워줄래요?

Would you give me a ride?

우드   유   기브   미   어   롸이드

A : What happened?
B : My car just broke down.
       Would you give me a ride to the airport?
       I have to pick up my client.
A : Sure. Come on.

A : 무슨 일이야?
B : 내 차가 고장났어. 공항까지 좀 태워줘.
       클라이언트(손님) 데리고 와야 하거든.
A : 그러지 뭐. 자~타.

Give+사람+a ride 사람을 태워주다.(유사표현 I'll drive you home.)   **pick up**[픽컵]태우다 ↔ drop off[드랍옵] 내려주다   **client**[클라이언트] 손님

직장에 다니는 사람치고 평일에 박물관 미술관 관람할 수 있는 사람이 과연 몇이나 될까?

요즘은 문화시설들이 적극적인 마케팅으로 시간을 연장하여, 겨울 동안에는 9시까지 열기도 하고 또 어떤 곳은 요일을 달리하여 관람시간을 늘리는 추세이다. 이런 정책 덕분에 대전에 사는 친구랑 금요일 저녁 〈대전미술관〉에서 평소 관심을 갖고 있던 미디어 아티스트 '육태진전'을 감상할 수 있었다.

한편 고대 중국문화에 심취해 있는 친구 역시 〈경기도 박물관〉에서 '요령 고대 문물전'을 본 후 소주 한잔 걸치고 신탄진으로 여유롭게 돌아가기도 했었다.

스키장만 야간 개장하는 게 아니다. 박물관 미술관으로 근사한 밤나들이 떠나보자.

"이 박물관은 언제까지 문을 여나요?"

(How late are you open?)

하우 레이트 아 유 오우픈
How late are you open?

한번 들어가면 되나오기 없기. 끝장낼 때까지 참아내기. —나사론—

어제까지
문을 열어요?

How late are you open?
하우   레이트   아   유   오우픈

A : How late are you open tonight?
B : We're open until 10 every night.
A : Are you open this Monday then?
B : Yes, we are.

A : 문 언제까지 열어요?
B : 매일 밤 10시까지요.
A : 그럼 이번주 월요일에도 문을 여나요?
B : 그럼요~

how late~얼마나 늦게까지 How late are you open? = When do you close?
언제 문을 닫습니까? How soon? 얼마나 빨리

일본 백화점들이 끝없이 추락한다지만 매년 새해 세일과 여름 휴가 직전인 7월 세일만큼은 여전히 사람들을 열광케 한다.

나와 오랜 친분을 유지하고 있는 일본어 강사 간선생 부인도 이런 행사에는 열일을 제치고 달려간다. 오천 엔, 만 엔 균일가에 내용을 모르고 산 복주머니 '후쿠부쿠로' 안에는 뜻밖에 두세 배의 물건이 들어 있는 행운이 있다.

도쿄의 고급 백화점은 품질이 우수하고 평소에는 좀체로 파격적인 가격에 판매하지 않기 때문에 오픈에 맞춰 밤새움하며 줄을 서서 기다린다. 백화점 오픈 시작 때에는 사람이 인산인해로 몰려든다. 문이 활짝 열리기만을 기다리던 사람들이 소리친다.

"얼마나 기다려야 합니까?"(How long is the wait?)

우리나라 백화점도 요즘엔 제대로 세일을 하나?

하우 롱 이즈 더 웨이트
How long is the wait?

잉글리쉬

얼마나
기다려야 하죠?

How long is the wait?
하우　　　롱　　이즈　　더　　웨이트

A : How long is the wait?
B : About fifteen minute wait.
　　Would you like to wait?
　　I'll call you when the table is available.
A : Yes, we will wait.

A : 얼마나 기다려야 하죠?
B : 약 15분 정도 기다리셔야 합니다. 자리 나면 불러 드리죠.
A : 네. 기다릴게요.

How long~ (시간, 시일)의 경과를 물어보는 의문사　wait 기다림, 대기, 기
다리는 시간　available[어베일러블]이용할 수 있는

2시간짜리 수업에는 50분 가량 수업하고 잠시 휴식을 갖는다.

그 시간엔 난 휴게실에 있는 자판기에서 '밀크 커피'를 뽑거나 수업 전 누군가 탁자 위에 올려 놓은 캔커피를 마신다.

어느 신용협동조합에서는 각자 타 마실 수 있도록 강의실 뒤에 포트와 커피, 녹차 등을 마련해 놓았다. 휴식시간에 반장인 주부가 내게 다가와 영어로 묻는다.

"How would you like your coffee, Sir?"

(커피 어떻게 드시나요?)

"음, 제 커피는… 사향고양이 커피 원두를 잘 로스팅해서…에 이때… 에… 물 온도는…" 너스레를 떨며 이렇게 대답한다.

그러나 이미 정해진 비율로 포장된 커피 믹스를 타다 주면서,

"선생님, 주는 대로 드세요. 호호!"

그 주부는 저수지 옆에 운치 있는 카페를 운영하는 쾌활한 수강생이다.

하우 우드 유 라이크 욜 커휘
How would you like your coffee?

한번 들어가면 되나오기 없기. 갈장날 때까지 참아내기. ~나서론~

커피 어떻게 드세요?

How would you like your
하우 　　우드 　　유 　　라이크 　　올

coffee?
커휘

A : Would you like something to drink?
B : Yes. I'd like a cup of coffee.
A : How would you like your coffee?
B : With cream and sugar, please.

A : 마실 것 좀 드릴까요?
B : 네. 커피 한 잔 주세요.
A : 커피 어떻게 타죠?
B : 크림과 설탕 넣어주세요.

How would you like~ 상대방의 취향, 의향을 물어보는 말 coffee, steak, egg 등에 이용　something to drink 마실 어떤 것

대학에서 태국어를 전공한 수강생은 영어로 인한 스트레스 때문에 영어 강좌를 등록했다.

언젠가 캠핑을 다녀온 후 빨래를 정리하고 있는데 남편은 나 몰라라 하며 포테이토칩을 먹으며 야구 중계에 푹 빠져 있더라는 것이다.

"여보. 좀 도와 줘!" (Give me a hand, honey.)

영어로 했더니 '좋아'(Sure)라고 대답만 하고선 깜깜 무소식이다. 다시 소리쳤더니 같은 소리만 할 뿐 역시 미동도 없더란다.

화가 나서 방 안으로 들어가 'Give me a hand.' 라고 크게 말했더니 여전히 TV에서 눈을 떼지 않고 박수만 열나게 쳤다.

"Give me a hand 란 박수 쳐 달라는 뜻도 있거든."

남편은 얄밉게 혀를 내밀며 칩을 먹더라는 것이다.

으이그, 말이나 못하면….

기브 미 어 핸드
Give me a hand!

Give me a hand!
기브 　 미 　 어 　 핸드

A : Isn't there anyone who can help you out?
B : No, no one. You can give me a hand
　　 if you want to.
A : I am sorry.
　　 I sprained my ankle last week.
B : I guess I have to do this by myself.

A : 너 도와 줄 사람 없어?
B : 하나도 없네. 네가 원한다면 좀 도와줘라.
A : 미안해. 나도 지난 주에 발목을 삐어서 안 돼.
B : 아무래도 혼자 해야겠어.

Give me a hand. 도와달라(help)는 의미(applause 박수를 쳐달라란 뜻도
있음) sprained[스프레인드] 삔 ankle[엥클] 발목

줄리가 태어나던 해, 어머니는 아는 집에서 치와와 한 마리를 받아왔다.

퇴근 후 아버지와 누나는 번갈아 가며 줄리를 등에 업고 강아지를 데리고 동네를 산책한다. 강아지가 아플 때는 병원까지 데리고 다니셨으니 포피는 애완견이라기보다 가족의 구성원이라 할 수 있다.

언젠가 부터 나이가 들고 노쇠해져서 자기 집 안에서 주로 웅크리고 있다. 손주 졸업식에 오신 부모님으로부터 포피가 심하게 아프다는 말을 들었다.

부모님이 귀가한 날 저녁, 포피는 18년 동안 정성껏 키워준 주인어른에게 마지막 인사라도 고하듯 문틈으로 가늘게 '멍멍' 소리를 지르더니 깡마른 몸뚱이를 부르르 떨며 그대로 쓰러졌다고 한다.

'뚱뚱한 강아지들은 꼭 운동 시켜주세요.'

13

두유워크욜독
Do you walk your dog?

개를 산책 시키나요?

Do you walk your dog?

두 유 워크 올 독

A : Do you walk your dog?
B : Yes, I walk 8 dogs everyday.
A : Really? What is your job?
B : I'm a professional dog walker.
    I walk other people's dog.

A : 개도 산책 시켜요?
B : 그럼요. 매일 8마리를 산책 시키는데요.
A : 정말요? 직업이 뭔데요?
B : 아, 저는 직업으로 개를 산책시키는 사람이죠.
    다른 사람의 개를 산책 시켜주거든요.

walk는 (개, 말)을 산책 시키다, 훈련시키다 dog walker 개를 전문적으로
산책시키는 사람 professional [프로페셔널] 전문적인, 직업적인

중국 관광객들은 크리스마스 세일 기간에 영국 명품시장에서 약 10억 파운드(약 1조 7650억 원)의 상품을 구매했다고 한다. 이는 명품시장 전체 매출 중 3분의 1을 차지할 정도다.

우리 가족은 겨울방학에 중국 상하이, 항주, 주가각으로 이어지는 관광지로 여행을 다녀왔다.

유람 코스는 대단히 만족스러웠다. 특히 상하이의 남경 옛 거리는 마치 중국의 명·청시대의 거리를 걷고 있는 것 같은 착각을 불러일으킬 만큼 웅장하고 멋졌다. 그곳은 또한 문화시설, 쇼핑시설, 먹을거리가 골고루 잘 갖추어져 있다.

아내가 한 가게 앞 좌판에서 맘에 쏙 드는 손거울을 발견했다. 기껏 우리 돈 700원 밖에 안 된다. 아내는 중국인 큰손들이 해외 명품들을 싹쓸이 하듯,

"이 거울 전부 얼마예요?" (How much is it all together?)

언젠가 보았더니 처남댁들도 그 거울을 들고 다니더라.

하우 머치 이즈 잇 올 투게더
How much is it all together?

잉글리쉬

모두 얼마죠?

How much is it all
하우　　　　머치　이즈 잇 올
together?
투게더

A : How much is it all together?
B : That'll be 64,000 won.
A : Can you give me a discount?
B : Sorry, that's my bottom price.

A : 이거 전부 얼마입니까?
B : 육만 사천 원입니다.
A : 조금만 깎아주실 수 있어요?
B : 안 돼요. 그게 최저가예요.

How much will it cost?, What's the price? 가격을 물을 때   all together
모두 합계   discount 할인하다   bottom price[바틈프라이즈]최저가

춘천은 갈 때마다 즐거움을 선사하는 도시이다.

신혼 초에는 닭갈비, 막국수 등 먹거리를 찾아 즐기며 강촌에서 낭만적인 밤을 보낸 적도 있다. 아이들이 어렸을 때는 인형극축제를 관람하기 위해 매년 그곳에 갔다.

초등학교 고학년인 아이들이 인형극을 시시하게 생각하자 이번엔 〈춘천마임축제〉가 우리를 부른다. 축제는 물과 불의 난장인 '아수(水)라장'으로 어른 아이 할 것 없이 신나게 즐기고 공유할 수 있는 놀이다. 나는 아이들이 즐거워하는 장면을 슬쩍슬쩍 사진에 담으며 때로는 외국에서 초청된 배우들에게 다가가 부탁한다.

"우리랑 사진 같이 찍자."(Let's take a picture together.)

사진첩에는 유명 외국 배우(?)들과 함께 찍은 사진들이 유독 많다.

15

렛쯔 테이크 어 픽춰 투게더
Let's take a picture together.

잉글리쉬

우리랑
사진 한 장 찍자

Let's take a picture
렛쯔　　　테이크　　어　　　픽춰

together.
투게더

A : Let's take a picture together.
B : Alright!
A : I will put it on my blog.
B : Okay. I will get it there.

A : 사진 같이 찍자.
B : 좋아.
A : 내 블로그에 올려놓으려고 ...
B : 좋았어. 내가 거기서 가져갈게.

---

take a picture of~ 사진을 찍다(of를 이용하여 I took a picture of the scene. 장면을 사진 찍었다.)　**put on the blog** 블로그에 올려놓다.

학부모 모임의 부탁을 받아 초등학생 20명을 데리고 경기도 신갈의 〈백남준 아트센터〉로 문화투어를 가기로 했다.

비디오 아트 분야는 기발한 아이디어로 재미는 있지만 아무래도 이해하기 어려운 점이 많다 보니 작품 해설이 필요하다. 아트센터로 미리 전화를 했더니,

"일행이 몇 명입니까? (How many in your party?)"

"교사 포함 22명입니다."

"안 되겠네요. 단체 해설은 30명 이상이 돼야 합니다."

하는 수 없이 규정된 도슨트 해설 시간에 맞춰 관람하려고 했더니 한 학부모가 주부 8명을 부랴부랴 모아 왔다.

이후로는 30명 이상이 되어야 단체 예약이 가능한 국립중앙박물관 관람도 끄덕없이 통과할 수 있게 되었다. 그때 처음 따라나선 한 주부는 이제 문화해설자가 되었다.

16

하우 매니 인 욜 파티
How many in your party?

일행이 몇명이에요?

How many in your party?
하우　　　매니　　인　　올　　파티

A : Do you have a table?
A : How many in your party?
B : We have a party of seven.
A : Yes, we do. Please come this way.

A : 자리 좀 있어요?
B : 일행이 몇 명이세요.
A : 7명요.
B : 네. 이쪽으로 오세요.

How many are there in your group? are there 가 생략된 형태　party 목적
이나 임무가 같은 일행, 집단　this way 이쪽으로

L.A의 회사에 근무할 때 일이다.

하워드 사장은 충무로에서 인쇄 보조공으로 일하다 몇 푼 쥐지 못하고 미국으로 왔다. 미국 생활 10여 년 만에 특유의 성실함으로 이제는 20여 명의 직원을 둔 제법 탄탄한 인쇄회사를 운영하고 있다.

그는 인쇄기가 돌아가는 시끄러운 실내 한 귀퉁이에 간이 칸막이로 꾸며 놓은 사무실에서 하루종일 일을 한다. 볼일이 있어서 그를 만나려면 반드시,

"들어가도 될까요?" (May I come in?)

라고 해야 한다. 문이 있는 것도 아니고 일어서면 바깥이 다 보인다. 그래도 아무 말 없이 그냥 들어갔다간 호되게 혼줄이 난다. 나는 항상 입으로 '똑똑' 하고 들어간다.

그랬더니 어느 날 하워드 사장하는 말,

"닐, 여기 미쿡이야. 똑똑이 뭐야. 탑탑(tap tap) 해야지…"

메이 아이 컴 인
May I come in?

May I come in?
메이   아이   컴   인

A : May I come in?
B : Of course. Come on in.
A : Could you take a look at the report
      I've just finished.
B : No problem at all.

A : 들어가도 될까요?
B : 그럼. 들어와.
A : 지금 막 끝낸 보고서 좀 검토해 주세요.
B : 물론이지.

---

come on in come in과 같으며 on을 넣어 좀 더 부드럽게 함 **take a look at** ~를 보다 **report**[리포트] 보고서 **at all** 전혀

우리 부모님 시대에는 자그마치 열 명의 자녀를 두어도 예사로 여겼다. 언젠가부터 아들딸 구별 없이 둘만 낳아 잘 기르자고 하더니 이젠 그 둘조차 낳지 않는 사람도 적지 않다.

우리나라의 출생률은 대략 1.19명으로 OECD 국가 중 최하위라고 한다. 이대로 간다면 2019년 부터 인구가 본격적으로 급감하여 성장 동력을 어렵게 만들 수도 있다. 출산을 장려하려고 셋째아이를 가지면 지원금 지급, 보육비 지원, 세제 혜택, 문화 혜택 카드 등 지자체별로 여러 제안을 발표했다. 하지만 실제로 몸에 와닿는 혜택이 없다고 불평들이다.

외국인들은 처음 보는 사람에게도 툭하면 지갑을 꺼내 겹겹 꽂혀 있는 가족사진을 보여준다.

가족은 힘이다.

"그런데 왜 툭하면 이혼하죠? 그럼 그 아이들은 어떡하라고?"

18

하우 메니 칠드런 두 유 해브
How many children do you have?

한번 들어가면 되나오기 없기, 끝장날 때까지 정아내기, ~나사론~

How many children do you
<ruby>하우</ruby> <ruby>메니</ruby> <ruby>췰드런</ruby> <ruby>두</ruby> <ruby>유</ruby>

have?
<ruby>해브</ruby>

A : How many children do you have?
B : I have a boy and a girl.
   He is twelve years old and she is eleven.
   How about you?
A : We have no children.

A : 아이들이 몇이에요?
B : 아들 하나, 딸 하나인데, 아들은 12살, 딸은 11살 이죠.
   당신은요?
A : 전 아이가 없어요.

How many+(셀 수 있는 명사), How much+(셀 수 없는 명사) children[췰
드런]child 아이

온 국민의 이목이 집중된 축구경기가 있는 날이다. 많은 사람들이 광장, 극장, 운동장에 모여 응원하며 경기를 즐긴다.

나도 한일전 축구 준결승은 지인들과 맥주집에서 한잔 마시며 경기를 지켜보았다. 2대 1로 뒤진 연장 후반 종료 직전 터진 극적인 동점골 덕택에 승부차기로 이어졌다. 승부차기를 준비하는 동안 축구광인 주인은 손님들에게 500CC 맥주 한잔씩을 돌렸다.

"이거 이 집에서 공짜로 주는 겁니다."

맥주를 들이키며 경기를 지켜보는데 선수들이 긴장했던지 3명의 키커가 연달아 헛발질하여 0대 3으로 맥없이 지고 말았다.

나올 때 우리는 공짜로 얻어 먹은 500CC 맥주값까지 포함하여 계산을 해주었다.

"영희야, 떡볶이는 내가 살게." (Duckboki is on me.)

이쯔 온 미
It's on me.

It's on me.
이쯔 온 미

A : Cindy, was that a first time to try
    Korean food?
B : Yes. I really liked it.
A : I'm happy that you enjoyed.
    It's on me then.
B : Oh. Thank you so much.

A : 신디, 이번에 한국 음식 처음 먹어본 거니?
B : 네, 정말 맛있어요.
A : 그럼 내가 사지.
B : 오~~. 감사해요.

---

on 여기서는 ~의 부담 한턱 내다 (Drinks are on me. 내가 술 한잔 사지. Let
me treat you to lunch. 점심 내가 내지.   **try** 시도해 보다

청계천을 카메라에 담고 놀다 배도 출출하고 아이들에게 왕년에 즐겨먹던 떡볶이를 맛보이려고 '신당동 떡볶이 타운'을 찾았다. 〈마복림할머니 떡볶이집〉을 비롯한 수십 개의 가게들이 늘어서 있다.

매일 방앗간에서 밀가루와 쌀을 정해진 비율에 정확히 맞춰 뽑아 오는 떡, 이미 많이 알려진 '찹쌀고추장 한 국자에 짜장 한 큰술의 소스, 어묵, 라면, 쫄면, 계란, 튀김만두 등이 추가된다. 아무리 호텔 일급 요리사가 갖은 재료를 넣고 온갖 정성을 기울여도 이 맛을 따라올 수가 없다.

사고뭉치 고등학교 친구들과 요즘 걸그룹 멤버보다 예뻤던 여학생들과 함께 먹어서인지 더욱 맛있었던 것 같다.

"얘들아, 맛 어땠니?"(How does it taste?)

"…."

맵다(hot), 싱겁다(plain), 짜다(bitter), 시다(sour)라는 대답은 없다.

하우 더즈 잇 테이스트
How does it taste?

잉글리쉬

맛이 어때?

How does it taste?
하우   더즈   잇   테이스트

A : It smells so good. Let me try this.
B : How does it taste?
A : It's really chewy. But I like it. What is it?
B : It's Grenouville.

A : 냄새 좋다. 먹어 보자.
B : 맛은 어때요?
A : 좀 쫄깃쫄깃 해. 정말 맛있네. 근데… 이게 뭐야?
B : 개구리 뒷다리요.

---

taste[테이스티]맛이 나다 맛을 보다(유사표현으로 What does it taste like?)
chewy[츄위]쫄깃쫄깃한   그르누유(grenoville) 개구리 뒷다리

미국에 있는 딸을 만나러 비자 신청을 하고 온 한 주부가 직업 란에 '주부'(housewife)라고 썼는데 맞느냐고 묻는다.

두 가지 의미를 지닌 질문이다. 하나는 주부가 영어로 'housewife'가 옳은가와 또 하나는 주부가 직업이 될 수 있느냐는 것이다. 일단 영어로 'housewife'는 맞다. 여권론자들은 성이 구별 안 되는 'housekeeper'가 어떠냐고 하지만 이는 돈을 받고 가사를 돌봐주는 가정부의 의미가 포함되어 오히려 헷갈 릴 수 있다.

주부는 당연히 직업으로 쓸 수도 있다. 육아, 청소, 요리, 운 전, 간병 등 전업주부의 노동을 비용으로 계산한다면 웬만한 직 장인과 맞먹는다. 한 식품회사의 조사에 따르면 추석날 가사노 동 비용은 15만 원가량이라고 한다.

'저 전업주붑니다.'라고 당당히 말하자.

(I'm a full time housewife.)

21

아 엠 어 하우스와이프
I am a housewife.

가정
주부예요

I am a housewife.
아 엠 어 하우스 와이프

A : Where do you work?
B : I am a full time housewife.
A : Don't you want to go back to your work?
B : Not really.
　　 I like spending time with my children.

A : 어디서 일해요?
B : 전 전업주부에요.
A : 회사로 돌아가고 싶지 않아요?
B : 아뇨. 전 아이들과 보내는 시간이 더 좋은 걸요.

a full time 전업 ↔ part time 파트타임　go back to ~로 돌아가다　spend
[스펜드] 시간을 보내다

"조류 독감 때문에 손님이 뚝 끊어졌어요."

닭 · 오리 등을 먹어서는 감염되지는 않는다. 정 걱정되면 75℃ 이상에서 5분 이상 가열하여 충분히 익혀 먹으면 전혀 이상이 없단다.

후배는 ROTC 출신으로 군에서 근무하다 2년 전 중령으로 예편하여 궁리 끝에 첫 사업으로 오리요리집을 열었다.

"참. ROTC가 무슨 뜻이지?"

"Reserve Officers' Training Corps"

아직도 군인 정신이 남아 있는지 그는 큰소리로 대답한다. 그랬더니 아르바이트 대학생이 자기도 대답해 보겠다고 운을 띄워 달라고 한다.

R : 로타리 O : 오뎅 T : 튀김 C : 센터

약자도 의미가 자꾸 변하나 보다.

'Thank God. It's Friday.' 의 약자인 'TGIF' 가 요즘은,

Twitter(트위터), google(구글), iphone(아이폰), facebook(훼이스북) 으로 바뀌었다.

왓 더즈 에이아이 스땐드 휠
What does AI stand for?

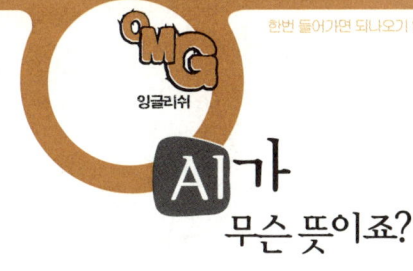

What does AI stand for?

왓　　더즈　에이아이　스뗀드　휘

A : What does AI stand for?
B : It stands for Avian influenza.
A : I see. I didn't know that.
B : Now, you know.

A : AI가 뭔 약자야?
B : 그건 조류 독감의 약자야.
A : 알겠다. 몰랐었는데.
B : 이젠 알잖아.

---

stand for~의 의 약자   I see= I understand 이해하다   Avian[에이비안] 조
류   influenza[인플루엔저] 독감

비 오는 주말엔 국수 먹으라고 누가 정해놓았나?

중화요리집이 배달로 북새통이다. 그렇게 뻔히 알면서 우리도 오랜만에 자장면과 짬뽕을 시켰다.

"언제 오나요?"

"오래 안 걸려요. 금방 갑니다." (It won't be long.)

곧이곧대로 믿진 않지만 그래도 헛된 기대감을 가지고 서둘러 밥상을 펴고 기다려보지만 배달아저씨는 오지 않는다.

기다리다가 지루해서 주말 연속극 재방송 1편이 다 끝날 때쯤에 독일 병정 차림으로 나타난 아저씨는 시킨 자장면 두 그릇, 짬뽕 두 그릇을 내놓더니 '왜 이렇게 오래 걸려요?'란 말을 뻥긋도 하지 못하게 야끼(군)만두 한 접시를 턱 던지고 사라진다.

우아, 멋지다.

잇 오운트 비 롱
It won't be long.

It won't be long.
잇　　오운트　　비　　롱

A : I can't believe you are going on a
　　business trip again.
B : It won't be long, honey.
A : But you just came back on Monday.
B : I understand.

A : 당신이 또 출장 간다니 정말 너무해.
B : 오래 걸리지 않아, 여보.
A : 하지만 월요일 날 돌아왔잖아.
B : 나도 알아.

will not =won't[오운트] 원하다의 want와 발음이 비슷   believe[빌리브]믿
다   come back 돌아오다   go on a business trip 출장가다

－ 아내에게 진심으로 고맙다며 카드와 꽃을 선물하라.

　－ 아내가 속상해 하면 가르치려 들지 말고 위로를 하라.

　－ 아내로부터 칭찬받기를 바라지 말고 아내가 잘 한 일에 칭찬하라.

　'좋은 남편의 조건' 을 조목조목 들으며 아내들은 머릿속으로 자기 남편의 점수를 매겨 가면서 평가할 것이다.

　이 외에 나만의 비밀인데 남편들이 꼭 알아야 할 덕목도 있다.

　'아내와 쇼핑할 때는 인내심을 가져라.' 라는 것이다.

　동대문, 남대문, 고속버스터미널 지하, 홍대 앞, 가로수길 등에서 아내가 쇼핑을 즐길 때 큰 봉지 하나 들고 졸졸 따라 다니기만 하면 된다. 아예 이빨 꽉 깨물고서. 신발가게에서 아내는 연신 손가락을 가리키며,

　"언니, 그거 말고, 그 옆에 걸 보여줘 봐요."

　(Show me another.)

24

쇼우 미 어나더 플리즈
Show me another please.

OMG
잉글리쉬

다른 것
좀 보여주세요

Show me another, please.
쇼우　　　미　　　어나더　　　플리즈

A : Can you show me another one, please?
B : How about this blue one?
A : Do you have it in any other colors.
B : It comes in black, too.

A : 다른 것 좀 보여주세요.
B : 이 파란 색은 어떠세요?
A : 다른 색도 있나요?
B : 같은 디자인으로 검은 색도 있어요.

show another 또 하나의, 하나 더　　try ...on 입어보다, 착용해 보다　in
black 검은 색으로

아이들과 스노우볼 게임(Snowball game)을 한다.

가장 먼저 처음 시작하는 학생이 'I like candy.' 하면 다음 사람은 앞사람이 한 'I like candy.'에 하나를 더 붙여, 'I like candy and chocolate.' 또 그 옆에 사람이 'I like candy, chocolate and pizza.' 하며 굴리는 눈덩어리처럼 문장을 키워 나가는 것이다.

그때 내 차례가 와서 우리 음식 이름을 대면 아이들은 깔깔 거리며 즐거워한다. 'I like candy, chocolate, pizza and 짬뽕.'

이렇게 자신이 좋아하는 것을 말하려고 골똘히 생각하다 보면 막상 자기 차례에서는 멍하니 가만있게 된다. 그럴 땐 모른 척하고 '누구 차례지?'(Who's next?) 하고 두리번거린다.

외신(外信)들은 묻는다.

김일성 – 김정일 – 김정은. 그 다음은 누구냐고?

후츠 넥스트
Who's next?

잉글리쉬

Who's next?
후즈   넥스트

A : Who is the next one to read?

B : Me, me!

A : Jenny, you read it just now.
     That's enough. Who's next?

A : 다음 누가 읽어 볼래?

B : 저요~~, 저요~.

A : 넌 방금 읽었잖아.
     됐어요. 다음은?

---

next[넥스트] 다음   read 읽다 reader (독자)   me 자기 자신을 가리키며
'저요'   That's enough. 그거면 충분하다.

179

처음 만난 사람과 이야기를 나눌 때 여행지를 공유하는 것은 꽤 좋은 화술 방법이다.

"경주 다녀오신 적 있어요?"

"불국사, 정말 아름답고 이야기거리도 풍부해요."

이렇게 시작한 대화가 어느새 '어디서 머물렀냐, 방은 어땠냐, 식사는 어디서 했냐?' 하는 식으로 진전된다.

"호주 가보셨어요?"

"번지 점프는 해봤나요?"

잘난 척하는 친구 녀석은 술좌석에서 주식으로 깡통 찬 친구에게 '여기 다녀와 봤니?', '저기 다녀와 봤니?' 하다가 결국 이런 황당한 소리를 듣는다.

"야, 넌 화장실 다녀왔니?"

(Have you been to the bathroom?)

헤브 유 에버 빈 데얼
Have you ever been there?

잉글리쉬

거기 가 본 적 있어요?

Have you ever been
헤브   유   에버   빈
there?
데얼

A : Have you ever been to Japan?
B : I have been there twice. It was fantastic.
    How about you, Sungwon?
A : I've never been there.

A : 일본에 다녀온 적 있어요?
B : 두 번 다녀왔습니다. 정말 좋던데요.
    성원, 당신은요?
A : 다녀온 적 없어요.

Have+ P.P 현재완료 용법(been 은 be 동사의 완료형)   twice 두 번   once
한번   never 부정의 의미   fantastic[훽테스틱] 환상적인

수원의 대학교 앞 외국어학원에서 첫 강의를 시작했다.

대학생 수강생들이 있을 거라는 예상과는 달리 주로 인근 대기업 생산라인에서 근무하는 직장여성들이 많았다. 해외여행을 다니려고, 엄마가 되면 아이를 위해, 영어는 필수이기 때문에 배운다고 한다. 이런 이상적인 소망도 있고 산업체 전형으로 대학에 진학하고픈 마음도 숨기질 않는다.

하지만 주야가 바뀌는 시프트(Shift) 근무는 공부보다 휴식이 먼저다. 수업에 연거푸 나오지 못하는 학생들을 만나러 회사로 가서 면회를 신청한다.

"죄송해요 선생님."

"우물쭈물할 시간 없어." (There is no time to loose.)

한때, 수원의 모 대학 야간 관광과, 영어과에는 내게 공부한 학생이 동시에 열 명이 넘었다.

아, 그때 난 너무나 행복했었다.

데얼 이즈 노 타임 투 루즈
There is no time loose.

우물쭈물 할 시간 없어

There is no time to loose.
데얼   이즈   노   타임   투   루즈

A : Here comes the bus!
B : Look at that! It's so crowded.
   Should we wait for the next one?
A : Let's just get on the bus.
   There is no time to loose.
B : Fine.

A : 버스 온다.
B : 저것 좀 봐. 사람 무지 많다. 우리 다음 차 기다릴래?
A : 어서 타자. 우물쭈물 할 시간 없어.
B : 그래.

---

loose 통 해이하게 하다, 자유롭게 하다 명 방임, 해방 get on (버스를) 타다 ↔ get off 내리다 crowded[크라우디드]혼잡한

내가 좋아하는 이원규 시인은 오산에 산다.

언젠가 사무실에 찾아갔더니 바닷가로 피서를 다녀온 것처럼 새까맣게 탄 얼굴로 간이침대에 끙끙거리며 누워 있었다.

작가연구서를 쓰겠다며 한여름에 오산과 서울을 오가며 도서관과 신문사를 털어 자료를 구하느라 구릿빛 얼굴이 되었던 것이다. 게다가 고령에 골다공증을 앓는 작가의 큰아드님을 모시고 다니며 구술을 받다가 다친 허리가 다시 도졌다는 것이다.

이렇게 발과 허리로 쓴 책이 다름 아닌 '홍사용전집(뿌리와 날개 刊)'과 '백조가 흐르던 시대(새물터 刊)' 이다. 생각 같아서는 그에게 〈홍사용문학관〉에서 근무를 명하여 매일같이 노작(露雀)의 시비를 닦게 하고 싶지만 모든 운명은 그를 비껴갔다.

이제 10년이 넘었으니 증보판을 쓴다고 한다. 당장 그만 두라고 했더니,

"뭐든지 최선을 다하는 거야." (I'll do my best.)

아일 두 마이 베스트
I'll do my best.

잉글리쉬

최선을 다하겠습니다

I'll do my best.
아일 두 마이 베스트

A : There's something wrong with your
　　computer.
B : I can't do my science homework
　　without it.
A : Since I broke your computer, I'll do my
　　best to help you finish to your homework.

A : 네 컴퓨터에 무슨 문제가 있나 봐.
B : 컴퓨터 없이는 과학 숙제를 할 수 없어.
A : 내가 네 컴퓨터를 망가뜨렸으니까.
　　과학 숙제 끝낼 수 있도록 열심히 도와줄게.

do one's best= make one's best 최선을 다하다(one's 자리에 소유격 사용)
something wrong [썸팅롱]뭔가 잘못되다   promise [프러미스]약속

인도가 영국으로부터 독립하는 과정에 수차례 투옥되었던 네루는 딸에게 옥중 편지를 통해 새로운 세계관을 심어 준다.

딸에 대한 따뜻한 애정까지 담긴 러브레터기이기도 한 이 글들은 〈세계사편력〉이란 이름으로 출판되어 전 세계 사람에게 읽혀지고 있다. 서구 중심적인 편협한 역사관에서 벗어나 약소민족도 세계사에서 동등하게 존중받아야 된다는 확고한 신념이 이 책에 수록되어 있다. 자와할랄 네루의 교육은 그의 딸 인디라 간디 전 총리로, 다시 그녀의 아들 라지브 간디 현 총리로 이어지며 지도자의 자질을 닦는 토대가 되었다. 진정 그 아버지에 그 자식이다.

밥을 흘리며 먹는 아들에게 던지는 아내의 한 마디,

"헐, 그 아버지에 그 아들이네." (Like father like son.)

내 자리에는 이미 밥알이 수두룩 하게 떨어져 있다.

라이크 화더 라이크 선
Like father, like son.

잉글리쉬

그 아버지
에 그 아들이네

Like father, like son.
라이크   화더   라이크   선

A : What do Brady like doing?
B : Cooking. He wants to be a cook.
B : Isn't your husband a chef?
A : Yes, like father, like son.

A : 브레이디는 뭐하는 걸 좋아하니?
B : 요리, 그 아이 요리사 된데.
A : 네 남편도 요리사 아니냐?
B : 그래, 그 아빠에 그 아들이지 뭐.

---

like는 좋아하다가 아니라 ~처럼(like father like son 부전자전:父傳子傳)
cook=chef[쉐프] 요리사 husband[허즈번드]

초등학교 때 부모님을 모셔오라고 하면 난 덜컥 걱정이 앞섰다. 동네에서 '뚱뚱이 아줌마'로 통하는 어머니가 학교에 오면 아이들이 혹시 놀리지나 않을까 고민스러웠다. 차라리 아프다고 할까?

아내의 고등학교 동창 중에 3년 내내 우수한 성적을 유지한 재원에 남미여성의 화려한 미모까지 갖춘 여자가 있다. 아내가 동창회에 나가자고 하면 '내년에는 꼭 갈게'라는 핑계를 대며 몇 년째 나가지 않는다. 아이를 낳고 식성이 좋아졌는지 젊었을 때 몸매는 어디로 사라져 버렸다. 가만히 얘기를 들어보면 그녀는 아주 어렸을 때부터 살찔 조짐이 역력했던 것 같다.

"난 어릴 적엔 멜빵(suspender)이 먹는 빵인 줄 알았어."

오양! 다시 몸매 관리하세요. (Stay in shape.)

그 뚱뚱했던 엄마가 지금은 엄청난 운동으로 학다리에 50킬로그램 남짓한 몸을 유지하신다.

스테이 인 쉐이프
Stay in shape.

Stay in shape.

스테이 인 쉐이프

A : Hailey, you should watch out what you eat.
B : I don't want to starve myself and lose weight.
A : I meant stay in shape for your health.
B : Alright.

A : 헤일리, 너 먹는 것 좀 조심해야겠다.
B : 난 굶어서 살빼기 싫어.
A : 건강을 위해 운동하란 얘기야.
B : 알았어.

---

stay in shape 몸매 유지(관리)하다 watch out 조심하다 starve [스따브]
굶다 lose weight 살을 빼다 meant[멘트]의미하다 mean 의 과거형

동네에서 친하게 지내는 고승배 형은 말 그대로 전업주부다.

미용실은 형수가 운영하고, 형은 가족과 스텝들의 식사 준비하기, 외아들 키우기, 학교 운영위원 활동하기 등 주부로서 빡빡한 일정을 보내고 있다. 또한 시민단체 활동에도 적극 참여하며 지방신문 사회면에 데모하는 모습이 종종 비쳐지기도 한다.

2010년 남자 비경제활동인구 가운데 전업주부가 15만 명으로 5년 만에 34.5% 급증했다고 하는 통계 보고가 있다. 이는 여성의 사회진출이 활발해 고소득, 전문직 등의 참여가 많아 졌기 때문이기도 하다.

형은 가사 일에 관심을 보이는 나에게 '나물 무치는 법', '빨래 잘 개는 법', '주위 정리하는 법' 등 주부 9단의 노하우를 아낌없이 전수해 주고 있다.

"형은 뜨개질도 잘해? (Are you good at knitting?)

31

히 이즈 굿 엣 싱잉
He is good at singing.

He is good at singing.
히 이즈 굿 엣 싱잉

A : He is only 19 years old, but very popular
    in Asia.
B : Oh, really?
A : He is good at singing and dancing.
B : He looks very talented.

A : 그 사람 겨우 19살인데 아시아에서 인기가 엄청나.
B : 아, 그래?
A : 노래도 잘하고 춤도 잘 추거든.
B : 재능 있어 보인다.

---

be good at=be clever at 잘하다↔ be poor at 잘못하다 **popular** [파퓰러]
인기있는, 대중적인 **talent**[탈렌트] 재능, 자질

부동산 중개업자인 친구는 마흔이 훌쩍 넘어 삼십대 중반의 여성과 재혼을 준비 중이다. 일로 만났다가 사랑으로 발전한 남녀 두 사람은 한 번씩 결혼에 실패한 경험이 있어서 신중한 탐색전을 펼치고 있다. '언제 국수 먹냐?' 라고 물으니 요즘 냉전 중이라고 한다.

이유인 즉 여자분이 얘기할 때마다 '우리 엑스(ex)는…' 하며 자기 전 남편 이야기를 미주알고주알 늘어놓는다고 한다.

얘기 나온 김에 다양한 형태의 가족관계를 알아보자.

전남편(ex-husband), 전부인 (ex-wife)

의붓형제(step-brother), 의붓자매 (step-sister)

이복형제(half-brother), 이복자매 (half-sister)

장인(father-in-law), 장모(mother-in-law)

사위(son-in-law), 며느리(daughter-in-law)

"그럼, 너도 그러지, 내 엑스는 정말 참했어." 라고.

32

디스 이즈 마이 머덜 인 로
This is my mother-in-law.

한번 들어가면 되나오기 없기, 끝장낼 때까지 참아내기. ―나사론―

잉글리쉬

이 분은
제 어머니랍니다

This is my mother-in-law.
디스 　이즈 　마이 　　　　머덜 　　인 　　　로

A : Mr. Koh, may I introduce my mother-in-
law, Ms. Michell?
B : How do you do, Ms. Michell?
A : How do you do, Mr. Koh?
　　I've often heard of you.

A : 미스터 고, 우리 시어머니 소개할게요.
B : 처음 뵙겠습니다, 미쉘 여사님.
A : 처음 뵙겠어요, 미스터 고, 종종 얘기 들었어요.

introduce [인트로듀스]소개하다　law 법　heard[허-드] hear[히어]의
과거형　How do you do? 처음 뵙겠습니다　of ~에 관하여

193

지금처럼 휴대폰이 널리 보급되기 전에는 직장이나 집으로 전화가 오면 '방금 나갔다고 해'라고 하면서 피하는 경우가 있었다. 물론 지금도 음식 배달이 늦어져서 가게로 전화를 하면 마치 녹음기라도 틀어놓은 듯 토씨 하나 틀리지 않고 흘러나오는 대사가 있다.

"아까 떠났어요. 가고 있어요."

핸드폰이라는 족쇄가 채워진 요즘은 조금만 늦어도 벨이 울리고 문자 폭탄이 날아들고 아주 난리가 난다. 오랜만에 아내와 영화를 보고 그 안에 있는 쇼핑 상가를 잠깐 둘러보는데, '언제 와요?'라며 아들이 전화로 물었다.

"엄마 가고 있어. 기다려." (I'm on my way home.)

아내의 얼굴을 쳐다보며 생각해 보았다. 옛날에 혹시 배달하는 음식점에서 아르바이트한 적 있는지.

아 엠 온 마이 웨이 홈
I'm on my way home.

I am on my way home.
아 엠 온 마이 웨이 홈

A : Do you know Mr. Smith?
B : Sure, he's a nice guy.
A : I saw him on my way home and
　　we talked about many interesting things.
B : Oh, really?

A : 너 스미스 씨 알아?
B : 물론이지. 좋은 사람이야.
A : 나 그 사람하고 집에 가는 도중 재미있는 얘기 많이 했어.
B : 어, 정말?

on one's way home ~ 집에 가는 도중에　saw[소우]see(보다)의 과거형
kind 친절한, 종류 두 가지 뜻　interesting[인터레스팅] 재미있는, 흥미있는

오늘은 가뜩이나 늦어 죽겠는데 신호대기에 매번 걸린다.

사거리를 빠져나와 평택항으로 향한 8차선 대로에서는 마음 먹고 속도를 쭉 올렸다. 오르막길의 정점을 찍고 막 내려가는데 교통경찰이 내 차를 보고 반갑게(?) 손을 흔든다. 아뿔싸!

내려오던 탄력 때문에 경찰이 서 있는 곳에서 30~40 미터를 지나쳐 정차했다. 백미러를 보니 경찰이 뒤쪽에서 무더운 햇살이 쏟아지는 길을 터벅터벅 걸어온다. 차를 후진하여 경찰이 있는 곳으로 갖다 댔다.

"한번만 봐 주세요."(Give me a break.)

면허증을 제시하라는 경찰관의 말에 영어로 부탁을 했다. 그는 나를 한참 쳐다보더니 'Go'(가)라고 손짓한다.

콧수염, 선글라스, 10년이 넘어 찌그러지고 세차까지 안 된 더러운 차, 평택 미군부대 근처에서 흔히 볼 수 있는 몰골이다.

34

기브 미 어 브레이크 윌 유
Give me a break, will you?

Give me a break, will you?
기브 미 어 브레이크 윌 유

A : I'm sorry. I won't do it any more.
B : It's too late to be sorry.
A : Give me a break, will you?
B : No, I can't. You should know that
   cheating is not allowed.

A : 죄송합니다. 다시는 안 그럴게요.
B : 용서를 구하기에 늦었다.
A : 한 번만 봐 주세요.
B : 안 돼! 넌 컨닝하면 안 된다는 걸 좀 알아야 해!!

---

break 기회, 운 not ~ any more 더 이상 ~이 아니다 cheating[취팅]시험
시간에 몰래보는 컨닝의 옳은 영어 allow [얼라우]허락하다

제대 후 복학을 준비하며 서대문 학교 도서관과 정독도서관을 번갈아가며 다녔다. 집으로 올 때는 교보문고에 종종 들러 잡지를 사고 새로운 책도 뒤져보기도 했다.

언젠가부터 잡지와 사전 코너 아가씨가 눈에 들어왔다. 점점 서점으로 가는 횟수가 늘고 코너 방문도 잦아졌다. 다음에 갈 때는 데이트를 신청해 보겠다고 마음먹어 보지만 막상 하는 말이라곤,

'그런 잡지들은 수입이 안 되나 봐요?' 정도다.

그날은 구태의연하지만 연극 티켓을 건네며 주말 데이트를 신청해야겠다고 단단히 맘 먹고 코너를 찾았다. 그런데 오늘 따라 그녀는 보이질 않고 대신 다른 여직원이 있다.

"그 분 오늘 쉽니다." (She is off today.)

다음날도 그렇고, 그 다음날도 그렇고, 또 그 다음날도 … 알고보니 그녀는 출산 휴가 중이었다. 차분히 공부나 하라는 하늘의 계시인가 …

쉬 이즈 오프 투데이
She is off today.

그녀는
오늘 쉽니다

She is off today.
쉬   이즈   오프   투데이

A : Can I talk to Julie?
B : I'm afraid she's off today.
　　Can I take your message?
A : No, thank you. I'll call her later.
B : Okay. Have a great day.

A : 줄리랑 통화 좀 할 수 있어요?
B : 죄송한데요. 오늘 쉬어요. 전해 줄 말 있나요?
A : 아뇨. 제가 다시 전화하죠.
B : 네. 좋은 시간 보내세요.

---

talk 얘기하다　**afraid**[어프레이드] 걱정된다　**message**[메시쥐] 안마하
다의 **massage**[마사―아지]와 발음 구별　**later** 나중에

주말엔 어김없이 전국의 명산을 찾아 오르며 건강과 친목을 도모하는 사람들이 부쩍 늘었다.

불어나는 체중에 고민하는 나와 친구는 주말에는 서울의 미술관 박물관을 모두 훑어보기로 의기투합했다. 서울에서 태어나고 자란 우리는 어쩌면 푸른 자연에서 보다 도시의 회색 건물에서 더 큰 마음의 안식을 느낀다.

9월이 되니 우리 둘 모두 7~8kg씩 살이 빠졌다. 평일에 식사를 조절하고 운동을 꾸준히 한 것도 한몫 했을 거다.

'척클로스 전'을 〈성곡미술관〉에서 보고 막 나오는데 비가 후두둑 쏟아지기 시작한다. 귀찮게 들고 다니던 우산이 이럴 땐 요긴해졌다.

"그래, 우산 가져오길 잘 했네."

(Good thing I brought my umbrella.)

날씨가 궂다고 아내가 아파트 아래까지 내려와 준 바로 그 우산.

굳 띵 아이 브로트 마이 엄브렐라
Good thing I brought my umbrella.

우산
가져오기 잘했다

Good thing I brought my
굳   띵   아이   브로트   마이
umbrella.
엄브렐라

A : It's beginning to rain outside.
B : Good thing I brought my
　　 umbrella. Share with me.
A : Oh, thanks a lot.

A : 밖에 빗방울이 떨어지기 시작하네.
B : 우산 가져오기 잘했다. 나랑 같이 쓰자.
A : 고마워.

rain 비가 내리다   brought[브로트] bring 가져오다의 과거형   share[쉐어]
나누다, 같이하다   umbrella[엄블렐러]우산

어린이 어른 가릴 것 없이 음식 편식은 있다.

닭곰탕을 드시면서 굳이 파를 다 빼는 큰 이모님을 보면 아들이 피자에서 까만 올리브를 빼내고 밥에서 콩을 빼먹는 것과 무엇이 다르랴.

햄버거를 주문하며 양파를 빼달라는 서양인들이 꽤 많다. 또 동물성 음식을 피해 식물성만을 고집하는 채식주의자들은 주로 야채만 들어간 피자를 주문한다. 이렇듯 피자, 햄버거, 핫도그를 주문할 때 까다로운 사람들이 입에 달고 쓰는 표현이 바로,

"양파는 빼 주세요."(Hold the onions, please!)

'뺄 게 어디 있어요, 없어서 못 먹죠.' 라는 고2 조카는 햄버거를 주문할 때 이렇게 말한다.

"치즈버거, 몽땅 넣어서 주세요."

(Cheeseburger with the works.)

홀드 디 어니언스 플리즈
Hold the onions please.

Hold the onions, please!

홀드　　　디　　　어니언스　　　플리즈

A : Would you like the works on your hotdog?
B : Yes, but hold the onions, please.
A : All right. For here or to go?
B : To go, please.

A : 핫도그에 모두 넣어서 드릴까요?
B : 네. 근데, 양파는 좀 빼주세요.
A : 그러죠. 여기서 드실 건가요? 가져가세요?
B : 가져갈 거예요.

hold〔홀드〕붙잡다(여기서는 음식에서 빼다) for here 음식을 여기서 먹다
to go = take out 음식을 가져가다

"여보, 우리 딸 사립학교에 보낼까 공립학교로 보낼까?"

올 봄 초등학교에 입학을 앞 둔 하나밖에 없는 딸을 두고 친구와 친구 부인은 부쩍 실랑이가 늘었다. 아파트 단지 앞에 공립학교가 있지만 잘 먹고 잘 살기 위해서는 사립초교-국제중-특목고-명문대의 라인에 편승해야 한다는 논리이다.

이럴 때 만에 하나 '당신 맘대로 해'(It's up to you.) 라고 하면 무심한 아빠로 매도 당하기 마련이다. 분기별로 적어도 80~200만 원 드는 사립학교 학비를 생각하지 않을 수 없다. 친구는 벌써부터 걱정스런 눈빛이다.

이제부터 친구 아내는 새로운 선택의 기로에 놓이게 되었다. 영어를 특성화한 A사립초등학교에 보낼까? 아니면 예체능과 독서를 똑부러지게 잘 지도한다는 B학교로 보낼까.

고민은 날로 커져 간다. 대학은 다들 국립 S대만 선호하는데 초등학교는 왜 사립을 더 좋아할까?

이쯔 업 투 유
It's up to you.

너게
달려 있다

It's up to you.
이쯔 업 투 유

A : How about a bowling tonight?
B : Okay. Where do you want to go?
A : It's up to you. You decide.
B : Then, let's go to the one on prince
　　street.

A : 오늘 밤 볼링치러 갈까?
B : 좋죠. 어디로 갈까?
A : 당신 맘대루, 당신이 결정해.
B : 그럼, 프린스거리에 있는 볼링장으로 가자.

decide[디사이드]결정하다 decision[디시젼]결정　horror[호러]공포
tonight 오늘 밤　street 거리　Boulevard[블르바드] 대로= Blvd.

"조금만 뒤로 빠꾸!"

아내가 마트에서 파킹할 때 내가 뒤에서 소리쳤더니 딸이 '영어샘이 빠꾸'가 뭐냐며 핀잔을 준다. 사실 정확한 영어는 'Back it up' 또는 'Back it in'이다.

세상살이가 어려워지고 사람들의 심성이 메말라지니 발음까지 차츰 강하게 되는 모양이다. 소주를 '쏘주'라고 하더니 급기야 '쐬주'까지 된 것처럼 주로 b(ㅂ), d(ㄷ), g(ㄱ), j(ㅈ)에서 발생하는 된소리(경음화현상)는 영어에서 인정되지 않는다. '버스'를 뻐스라고 하면 안 된다. 그리워서 애만 태우는 처녀가 있는 곳은 소양강 땜이 아니라 '댐'(dam)이다. 전 세계에서 사용되는 돈의 단위가 딸라가 아니라 '달러'(dollar)이고, 아들이 좋아하는 께임은 '게임'(game), 형님이 좋아하는 꼴프는 '골프'(golf)다.

대학로에 있는 '천년동안에도'에서 듣는 음악이나 뉴올리언즈에서 들었던 그 멋진 음악은 째즈가 아니라 '재즈'(jazz)다.

"휴, 예문 찾느랴 완쫀히 똥쭐 탔네."

아이 라이크 재즈
I like Jazz.

OMG
잉글리쉬

내는
재즈를 좋아해

I like Jazz.
아이 라이크   재즈

A : What do you do in your spare time?
B : I listen to music.
A : What kind of music do you like?
B : I like Jazz.

A : 한가할 때 뭐하니?
B : 음악 들어.
A : 어떤 종류의 음악 좋아하는데?
B : 재즈.

---

spare [스페얼] 절약한 것, 예비의 spare tire 자동차에 있는 예비타이어
music 악보, 음악   listen to ~을 듣다.

같이 술을 마시던 친구가 꽤 취했던지 아들딸이 보고싶어 죽겠다며 울고불고 난리다.

교육 문제로 아내와 아이들을 캐나다 몬트리올로 유학을 떠나보낸 지 어언 5년이 지났다. 처음 한두 해에는 방학을 이용해 한국에 돌아왔지만 차츰 시간이 지나면서 친구도 없고 학업 리듬감을 깨고 싶지 않다는 구실로 작년에는 한 번도 오지 않았다는 거였다.

그렇다고 친구가 잠시 하던 일을 접고 아내와 자식을 보러 갈 만큼 시간적 경제적 여유가 있는 편도 아니다. 녀석을 위로하고 집으로 돌아오니 아내가 궁시렁거린다. 제주도로 수학여행 간 아들 녀석이 전화 한 통 없다는 것이다. 기껏 아침에 여행 떠난 아이 소식이 뭐 그리 궁금하고 보고 싶은지?

그럼, 친구는? 대한민국 모든 기러기 아빠들은 불쌍하다.

도대체, 한국 교육 어디로 가는 거야?

아임 다잉 투 시 유
I'm dying to see you.

한번 돌아서면 되나오기 없기. 끝장낼 때까지 참아내기. –나사론–

I'm dying to see you.

아임 다잉 투 시 유

A : Did you forget there is a big match between Korea and Japan?

B : Oh, I forgot. I'm dying to see the game, too.

A : Where are you planning to watch the game?

B : At Sang-am Stadium.

A : 우리나라하고 일본 경기 있는 거 잊었어?

B : 아차! 깜빡했네. 나도 그 경기 정말 보고싶은데.

A : 그 경기 어디서 볼 거야?

B : 상암 경기장.

---

dying[다잉]은 die[다이]의 진행형 꼴   forget [폴겟]잊다   forgot[포갓]잊었다   plan to[플랜투]~할 예정이다   stadium[스테이디움]운동장

'Help me make it through the night'〔헬피 메이킷 투르 더 나잇〕, 'Love'〔러브〕, 'Tears in heaven'〔티어스 인 헤븐〕등 십여 곡의 팝송을 주부영어시간에 함께 부른다.

팝송은 발음 훈련에 다소 학습적 효과가 있기는 해도 그보다는 수업의 즐거움을 더 하기 위한 일종의 학습지도 테크닉이다. 연습이 어느 정도 되면 한 명씩 추천하여 반주 테이프에 맞춰 노래를 하게 한다. 여성합창단 맴버인 수강생이 자진하여 한 곡조 뽑은 후 신청자가 없어서 반장을 일으켜 세웠더니 '전 빼 줘요'(Not me)라며 손사래를 친다. 수업엔 무척 열심히 참여하는데 노래는 예외였던가 보다. 몇 명 더 권했지만 역시 모두 '패스' 라고 한다.

수업을 끝내고 나오는데 오늘 저녁 팝송 연습하러 노래방에 가자고 한다. 갈 사람을 찾는 소리가 여기저기서 들린다.

"난 빼 줘!"(Not me), "난 껴 줘!"(Count me in.)

낫 미
Not me.

Not me.
낫 미

A : How much are these chocolate bars.
and chips?
B : They are 25 dollars.
You must like chocolate a lot.
A : Not me.
My daughter likes them very much.

A : 이 초콜릿과자는 얼마입니까?
B : 25달러 입니다. 초콜릿 많이 좋아하시나 봐요?
A : 저는 아니고, 딸이 좋아하죠. 몹시.

thses[디—즈] 이것들은(this의 복수형)　daughter[도—털]딸　chocolate
[촤—크릿]발음주의　really [뤼얼리]진짜로

뉴질랜드 북섬에 있는 오클랜드로 거래처 방문을 갔다.

이번 출장에선 업무 다음으로 화장실 변기물이 지구의 자전 때문에 우리나라와는 달리 시계 반대 방향으로 도는 것을 눈으로 확인하고 싶었다.

우리를 담당하는 30대 초반의 린다는 박 과장과는 대립각을 세우며 격정적으로 상담에 임한다. 그녀는 상담할 때 왼손으로는 펜을 잡고 오른손으론 가볍게 주먹을 쥐어서 얼굴에 갔다 댄다. 자세히 보니 엄지를 검지와 중지 사이에 밀어 넣고 쥐고 있는 게 아닌가? 이것은 결코 지구의 자전 때문은 아닌 것 같은데.

저녁 식사 때 '네 손동작은 우리나라에선 서구인이 중지를 치켜 세우는 것과 같은 의미'라고 말했더니 깜짝 놀란다.

"이 동작 또 하면 1달러씩 줄 게요"

린다는 깔깔 웃으며 약속했다.

"좋아요. 그렇게 하죠."(It's a deal.) 하하하.

난 다음날 상담 때 4달러의 개평을 뜯었다.

42

이쯔 어 딜
It's a deal.

잉글리쉬

It's a deal.
이쯔 어 딜

A : Oh, god. I broke my mom's sunglasses.
B : You're a dead meat.
A : Scott, can you not tell her?
　　I'll give you a buck.
B : It's a deal.

A : 아이고, 울 엄마 안경 박살냈네.

B : 넌 이제 죽었다.

A : 스캇, 제발 이르지 마라. 내가 1달러 줄게.

B : 좋아. 그렇게 하자.

---

broke〔부록크〕break 깨다의 과거형　You are dead meat 너 죽었다, 혼났다　buck〔벅〕달러의 다른 표현　deal 거래

교사들이 호소하는 직업병 중에 '후두염', '성대질환'이 있다.

매일 반복하는 강의는 기본이다. 수업시간엔 떠드는 아이들 향해 '꽥' 소리를 치고 휴식시간에 이따금 아이들 불러다 상담도 해야 한다. 한두 잔 마시는 커피나 탄산수는 탈수를 유발하여 목을 건조하게 하기 때문에 오히려 좋지 않다. 선생님의 권위를 상징하는 헛기침도 성대에 상처를 입힌다.

특히 내가 연극을 지도할 때는 워낙 큰소리를 많이 치다 보니 고음에서 소리가 갈라지고 목이 따끔따끔하기까지 하다.

목소리를 보호하려고 평상시 낮은 소리로 말을 하려고 노력하지만 학생들 또한 온종일 이어폰을 꽂고 살아서 그런지 잘 알아듣지 못한다.

"크게 말씀해 주세요?" (Could you speak more loudly?)

쿠드 유 스피크 모어 라우들리
Could you speak more loudly?

좀 더
크게 말해

Could you speak more
쿠드　　　유　　　스피크　　　모어

loudly?
라우들리

A : What did you do this weekend?
B : Sorry, could you speak more loudly?
A : Sure, what did you do this weekend?
B : Oh, I went to our weekend with my family.

A : 이번 주말에 뭐했어?
B : 미안, 좀 크게 말해 줄래?
A : 그러지, 이번 주에 뭐했냐구?
B : 아, 주말농장에서 채소 심고 왔어요.

---

weekend[위크엔드] weekday 주중　loudly [라우들리]크게　more [모어]
좀더　weekend farm 주말농장

일 년에 딱 한번 오는 일본 바이어가 있다.

부동산 관련 카탈로그를 제작하는 오더인데 우리나라에서 제 작하는 비용과 일본에서 비용의 차액으로 보훈성 출장을 보내는 듯하다.

이번에 온 일본 바이어는 20대 중반으로 아직은 회사 일에 익 숙하지 않은 여성이다. 도착한 오후에는 공장에서 작업 상황을 체크하고 그 다음 날과 떠나는 날은 관광 스케줄이 잡혀 있다.

경복궁을 데리고 가서 한 바퀴 같이 돌아주고 인사동 〈경인미 술관〉에 가서 그림 구경과 다과도 시켜주었다. 남대문과 동대문 상가에 쇼핑을 가서 그녀가 영어로 노상 하는 말은, '이거 얼마 입니까?', '비쌉니다.' 이다.

비트박스에서 필요한 것은 '북치기, 박치기' 이듯 해외 쇼핑에 서 역시 꼭 필요한 두 마디는 다름 아닌,

'How much? Too much!'

하우 머취 투 머취
How much? Too much.

잉글리쉬

얼마죠?
너무 비싸요

How much? Too much.
하우　　　머취　　　　투　　　머취

A : Wow, I really like your bag.
B : Thanks. It was on sale for 980 dollars.
A : How much? It's too much.
B : I know. But I really wanted it.

A : 와우, 네 가방 좋다.
B : 고마워. 할인해서 1000불에 샀어.
A : 얼마? 그렇게 비싸?
B : 나도 알아. 근데 정말 갖고 싶었거든.

---

on sale 할인 판매(우리나라에서처럼 sale만 쓰면 틀림)　　really 진정으로, 정말　want 원하다

생활이 팍팍해져 가슴에 신선한 공기를 불어넣고 싶을 때가 있다.

나는 인터넷을 켜고 K항공의 '광고갤러리'나 A항공사 '홍보실-TV광고'를 들여다본다. 각 항공사 취항지의 풍물을 짧은 시간에 잘 담아낸 광고 영상은 어디라도 훌쩍 떠나고 싶은 충동을 불러 일으키기 충분하다. 재작년 뉴욕으로 사촌언니를 한 달여 동안 만나고 온 딸은,

'너, 세계 어디 가 봤니?'

(Where have you been in the world?)

라는 타이틀이 붙은 세계지도를 책상 위에 붙여놓았다.

몇 군데 다녀온 곳을 빨간 깃발로 표시하고 또 가고 싶은 지역은 깃발 형태만 그려 넣고 시간 날 때마다 쳐다보고 있다.

간절히 소망하면 이루어진다는 '피그멜리온 효과'를 딸은 굳게 믿고 있다.

웨어 해브 유 빈
Where have you been?

한번 들어가면 되나오기 없기. 끝장낼 때까지 참아내기. -나사론-

어디 다녀왔어?

Where have you been?
웨어   헤브   유   빈

A : Where have you been?
B : I was at Daniel's house all day.
A : Let's talk turkey.
B : I am sorry.
　　Actually, I went to an Internet cafe.

A : 너 어디 갔다 온 거야?
B : 하루종일 다니엘의 집에 있었어요.
A : 사실대로 말해라.
B : 죄송해요. 실은 피시방에 갔다 왔어요.

---

have been (to)~ 갔다 오다　all day 하루종일　talk turkey[토크터-키]솔
직히 말하다　actually[엑추얼리] 사실

학원을 10년 이상 운영하다 보니 상담할 때 학부모의 말투와 아이를 다루는 태도를 보면 비교적 많은 것을 예측할 수 있게 된다.

초등학교 4학년 때부터 우리 학원에 다닌 경민 군의 어머님은 올바른 자녀교육에서 으뜸으로 '대화'를 꼽는다. 아이와 학교공부, 사회문제, 일상생활의 이야기를 나눈다.

경민이 아버지는 독서나 취미활동도 지나치면 바람직하지 않다고 주장하며 시간날 때마다 아이와 야외 활동을 하며 놀아준다.

부모님 둘 다 아들이 궁극적으로 올바른 품성을 가진 사람으로 성장하기를 바란다. 남들이 이게 좋다면 모두 그쪽으로 쏠리는 세태지만 그들은 일체 곁눈질하지 않는다.

"난 신경 안 써." (I don't mind.)

일관성 있는 교육을 고수하는 그의 부모가 부럽다.

내년에는 경민이가 나올 고등학교 정문에 분명히 현수막이 크게 걸릴 것이다.

46

아이 돈 마인드
I don't mind.

I don't mind!
아이   돈   마인드

A : Irene, do you mind if I ask your age?
B : No, I don't mind. I'm 32 years old.
A : Wow, you look young for your age.
B : Thank you so much.

A : 아이린, 혹시 나이 물어봐도 될까요?
B : 괜찮아요. 32살이에요.
A : 와우, 나이보다 젊어보이시네요.
B : 고마워요.

I don't mind.=I don't care. 상관없어요. 신경쓰지 않아요.   mind[마인드]
꺼려하다   for ~치고(It's very hot for spring. 봄인데 덥다.)

도처에서 날아든 각종 잡지들이 도서관에 즐비해도 정작 읽을 만한 것을 골라내기란 쉽지 않다. 정부 관계기관에서 발행하는 잡지들은 건조한 느낌이 들고 기업체 것들은 '문화'와 '정보'를 주는 척하다가 돌연 광고성 기사로 온 지면을 도배했기 때문이다.

그 와중에 타이어 회사의 여행문화지 〈굴렁쇠〉, 한 문화재단의 전통문화 전문지 〈문화와 나〉, 문화재청이 발행한 〈문화재사랑〉은 신선함으로 다가온다. 돈 주고 구독하는 어지간한 전문서 못지 않다.

우편함은 온갖 고지서, 상품카탈로그, 전단지로 가득 찬 판도라 (pandora)의 상자다. 상자를 열면 모든 것은 다 날아가도 단 하나 '희망'만은 남는다. 어쩌면 내게 온 무료 잡지들은 친지, 친구, 연인에게 오는 편지만큼이나 가슴 벅찬 희망의 메시지임에 분명하다.

"아빠, 여기 책 왔어." (This is for you.)

디스 이즈 포 유

This is for you.

널 위한 거야

This is for you.
디스   이즈   포   유

A : What is this?
B : It's for you.
A : How did you know it was my birthday?
B : I have people.

A : 이게 뭔데?
B : 널 위한 거야.
A : 생일이 언젠지 어떻게 알았어?
B : 다 방법이 있지.

---

for 용도 for men 남성을 위한(남성용), for sale 판매를 위한(판매용, 무료로 주는 게 아닌)   gift [기브트]선물= present [프레즌트]

텍사스에서 한국에 온 '저주익'은 통화할 때는 분명 토종 미국인이었는데 막상 만나보니 영락없는 나와 동갑인 한국인 모습이다.

그는 어렸을 때 미국으로 입양되어 보내졌다. 성장한 후 친부모를 찾으려고 여러 번 시도했으나 번번이 실패로 돌아갔다. 이번 출장에는 입양단체를 직접 찾아가 확인했지만 실망만 더 커져 돌아왔다. 도무지 찾을 방법이 없다는 거였다.

토요일 정동극장에 갔다. 예정된 공연까지는 시간이 남아 덕수궁 대한문의 수문장 교대식을 구경하다가 그만 그를 잃어버렸다. 한참 후 다시 찾은 그의 말이 무척 재미있다. 어떤 할머니가 길을 묻길래,

"I'm a strange here myself." (나도 여긴 처음이다.)

그가 영어로 말해도 막무가내로 자꾸 물어 당황스러웠다고 한다. '넌, 정말 생긴 건 나보다 더 한국적이야.'

48

아이 엠 어 스트레인저 히어 마이셀프
I'm a stranger here myself.

OMG 잉글리쉬

나도 여긴 처음이야

I am a stranger here
아이   엠   어   스트레인저   히어

myself.
마이셀프

A : How can I get to the City hall?

B : I'm sorry. I am a stranger here myself.
   Why don't you ask the police officer over
   there?

A : That's good idea.

A : 시청 어떻게 가죠?

B : 미안합니다. 저도 이곳은 처음이라서요.
   저기 경찰에게 물어보시죠.

A : 그렇군요. 감사합니다.

---

stranger[스트레인저] 낯선이, 모르는 사람   get to 도착하다   police
officer[폴리스 아피설]경찰관   over there 저기

마트 문을 달을 무렵 아내하고 부랴부랴 들어갔다.

옆집 새댁이 아기를 낳아서 속옷 한 벌 사가지고 나오는데 출구 쪽에서 개점 경품 행사가 있다. 두 장의 행운권을 받아서 하나씩 나누어 내가 먼저 까보니 '꽝', 조심스럽게 두번 째 행운권을 펼쳐치던 아내는, '이게 웬일이야!' 경품 최고상인 1등 대형 냉장고가 당첨이 되었다.

마이다스 같은 아내의 손은 그 후로도 일본 온천여행 행운권, MP3 플레이어, 토스터기, 아이스박스, 찜통 등을 거머쥐었다.

미국 아이다호에 사는 20대 후반 이혼녀가 로또 당첨금으로 3억 8000만 달러(약 4240억 원)을 받았다는 외신보도가 있다. 그녀는 10살 남짓한 두 딸을 혼자서 열심히 키우고 있던 참이다.

"자 이번 100억은 누구 것?"

행운의 여신이 우리를 보며 외친다.

"저요. 내 차례예요." (It's my turn.)

이제 행운은 열심히 일한 당신 차례다.

49

이쯔 마이 턴
It's my turn.

내 차례야

It's my turn.
잇쯔　　 마이　　 턴

A : Did you water the plants?
B : No, I didn't. It's your turn.
B : No, it's not. I did it yesterday.
A : Oh, I'm sorry. It's my turn.

A : 식물에 물 주었니?
B : 아니 니 차례야.
A : 아냐. 나 어제 했어.
B : 아~ 미안하다. 내 차례구나.

---

turn [턴]차례, 순서, 순번, 회전　　water 통 물을 주다 명 물, 음료수　　plant
명 식물 통 심다

충주에서 댐 구경을 하며 일박을 했다. 다음날 아침 햇살을 맞으며 단양으로 차를 몰았다.

결혼 초기에 아내와 나는 고수동굴에 가 봤지만 아이들은 동굴 여행이 처음이라 잔뜩 기대에 부풀어 있었다. 주차장에 차를 정차하고 입구를 찾아 나섰다.

"아빠, 어디가 동굴이야?"

"여기 다 왔잖아." (Here we are.)

난립한 음식점 사이를 비집고 찾아간 동굴 입구를 바라보며 아이들은 적잖이 실망한 모습이다. 일단, 모험 영화에서 보았던 숲속에 신비스럽게 자리 잡은 동굴이 아니었기 때문이다.

표를 사서 아들에게 '여기' (Here you are.) 하며 주었다.

"자! 출발!" (Here we go!)

들어갈수록 동굴의 웅장함과 신기함에 아이들이 놀라기 시작한다. 석주, 석순 등 태고의 신비가 서서히 그 모습을 드러내고 아이들의 입은 점점 커져간다.

히어 위 아
Here we are.

잉글리쉬

Here we are.
히어   위   아

A : Finally! Here we are!
B : I really wanted to watch this baseball
    game.
A : Wait, I can't find our tickets.
B : Are you kidding me?

A : 드디어 다왔다!
B : 그래, 나 진짜로 이 농구 경기 보고 싶었는데.
A : 잠깐 내 티켓을 못찾겠네.
B : 무슨 말 하는거야?

finally [화이널리] 드디어, 마침내   baseball 야구   wait[웨이트]잠깐
Are you kidding me? 농담하니?

10시간 넘게 뉴욕까지 비행기를 타고 와도 느끼지 못한다.

뉴욕 라과디아 공항에서 미국 국내선 비행기로 갈아타고 켄사스 공항(MCI)에 도착했다. 차를 한 대 렌트하여 올라 타야 비로소 '여기가 미국이구나' 라는 기분이 든다.

5년 전 박 과장을 따라 이곳 캔자스시티에 처음 왔었는데 이제는 어느새 내가 직원을 데리고 오는 입장이 되었다.

"버클업" (Buckle up!)

박 과장이 선글라스를 끼며 내게 처음했던 것처럼 나도 같은 톤으로 그에게 말했다. 그때 우리는 미국 중부로 놀러온 젊은이의 모습 그대로였다. 기류가 불안할 때마다 벨소리와 함께 나타나는 'Fasten your seatbelt.' (안전띠 묶어) 자막.

고속도로 휴게소에서 운전대를 바꿔 잡은 아내가 떨리는 손으로 선글라스를 끼며 명령한다.

"안전벨트 묶는다, 실시!" (Put on your seatbelt.)

훼슨 욜 시-벨트
Fasten your seatbelt.

안전띠 묶어

Fasten your seatbelt.

훼슨　　　　올　　　　시-벨트

A : I'm afraid I might not catch my plane.
　　Please drive as fast as possible.
B : Don't worry, Ma'am.
　　Fasten your seatbelt, please.

A : 비행기를 놓칠까 걱정입니다.
　　가급적이면 빨리 좀 운전해 주세요.
B : 걱정 마세요.
　　안전띠나 좀 묶어 주세요.

fasten[훼슨]묶다, 죄다　might[마이트]할지도 모르다　as soon as
possible[에순에즈파설블]가능한 빨리　ma'am madam의 줄임말

패키지투어로 미국과 캐나다에 다녀온 중년의 주부는 백화점 문화센터에 개설된 주부영어 강좌에 등록을 했다.

여행을 많이 다녔지만 이번처럼 영어를 잘 익혀 두었더라면 하고 절실하게 느낀 적은 없었다고 한다. 쇼핑할 때 돈 들고 서 있으면 상점 주인이 자기의 엉터리 영어를 척척 알아듣더니 물건에 하자가 있어 환불을 받으려고 하자 아리송한 표정과 알 수 없는 말만 되풀이 하더라는 것이다.

그렇다. 영어를 전혀 몰라도 여행할 수 있지만 영어 몇 마디만 더 알고 떠나면 훨씬 즐겁고 알찬 여행을 즐길 수 있다.

아내는 욕심 내서 사 온 청바지가 맞지 않는다고 걱정이다.

"여보! 줄리 데리고 가."

미국에서 오랫동안 생활한 조카는 환불과 교환의 달인이다. 미국에서 살면 다 그런다나 뭐라나.

"이것 환불 해 줘요." (Can I get a refund on it?)

켄 아이 겟 어 리훤드
Can I get a refund?

좀 환불해 주세요

Can I get a refund?
켄 아이 겟 어 리훤드

A : Can I get a refund?
B : Sorry, but we don't give a cash refund.
A : So I can exchange it for something else
    with the same price?
B : You certainly can.

A : 이거 환불해 주실 수 있습니까?
B : 죄송합니다만 현금으로 환불은 안 됩니다.
A : 그럼 같은 가격의 다른 것으로 교환은 됩니까?
B : 물론 그러실 수 있죠.

refund 환불, 상환, 상환액   cash[케쉬] 현금   exchange[익스췌인지] 교환하다   certainly[썰튼니] 확실히, 틀림없이 영어 전담 에이미 선생은 미국에서 테솔을 공부했다.

원어민과 대화하는 것을 우연히 들었는데 그녀의 허스키한 목소리 때문인지 외국 영화의 대사를 듣는 듯한 착각에 빠진다. 행동이나 성격은 남성 못지 않다. 수업이 끝나면 선생의 특기이자 취미인 축구를 아이들과 늦게까지 한다. 그 씩씩함에 모르긴 몰라도 여학생 중에 몇 명은 그녀를 롤모델로 삼고 추종할 거라는 생각이 든다.

요즘 초 · 중 · 고등학교의 여선생 비율이 갈수록 늘어난다. 이로 인해 여선생에 대한 학교폭력, 선생님 놀리기 등 학생들의 지도불응이 점점 심각해 지고 있다. 에이미 선생 같은 분만 있다면 남녀 학생의 기질을 잘 헤아려 지도할 수 있을 텐데.

하지만 삼십을 훌쩍 넘긴 그녀가 집에서 허구한 날 듣는 소리는,

"예, 제발 나잇값 좀 해라."(Act your age.)

53

엑트 욜 에이쥐
Act your age.

잉글리쉬

Act your age.
엑트   욜   에이쥐

A : What's the hurry?
B : Please change to Channel 11.
    My favorite show starts at seven.
    You know how much I love it.
A : Act your age. Don't be such a baby.

A : 뭐 그렇게 급해?
B : 채널 11번 으로 돌려. 내가 좋아하는 쇼 시작해. 그걸 얼마나
    좋아하는지 알지?
A : 제발 나잇값 좀 해라. 애들처럼 굴지 말고.

hurry 서두르다   favorite [훼이버릿] 좋아하는   change[췌인지]바꾸다
(체인지라고 발음하지 하지 말자 "췌")   such[써치] 그런

초등학교 6학년 규현이가 씩씩거리며 묻는다.

"미국인들은 city(시티)라 써놓고 왜 짜증나게 '시리'라고 발음해요?"

음성학적으로 깊이 있는 설명은 나중에 자세히 하기로 하자.

영어에 나오는 't(트)' 발음을 모두 'd(ㄷ)'나 'r(ㄹ)'로 발음하는 것은 아니고 조건이 맞을 때 그렇게 소리낸다. 우선, (강)모음과 모음 사이에서 't'가 변한다.

"예를 들면 뭐가 있죠?"(Like what?)

"water(워터→워러), item(아이템→아이럼), Peter(피터→피러). 그밖에 'rt', 'nt'가 몰려다닐 때도 소리에 변화가 인다. artist(아티스트→아리스트), internet(인터넷→이너넷) 등이 그 좋은 일례야. 규칙만 조금 알면 그렇게 엉뚱한 이야기가 아니야. 참, 'l' 앞에 올 때도 굴려, 굴려, 마구 굴려. title〔타이틀→타이를〕 little〔리틀→리를〕"

라이크 왓
Like what?

Like what?
라이크 　　　왓

A : I love playing all kinds of sports.
B : Like what?
A : Anything with a big ball.
B : I see.

A : 나는 모든 종류의 운동을 좋아해.
B : 예를 들면?
A : 큰 공 가지고 노는 건 모두.
B : 그렇군.

all kind of 모든 종류의   anything 모든 것   with[위드](도구, 수단)~을 가지고 (실제 대화에서는 with를 종종 생략   I see.=I understand.

고1 때인가 친구랑 심하게 싸워서 어머니가 학교에 불려 오셨다. 싸운 친구 어머니에게는 당연하고 학생주임 선생에게 손이 발이 되도록 싹싹 빌면서 집에서 적절한 조치를 취하겠다고 했다. 조치라는 것은 다름 아닌 아버지에게 자초지종을 말씀드리는 것이다.

그날 밤 나는 '조치를 취하다.'란 말의 의미를 몸소 알게 되었다. 또한 '적절한'이란 단어가 사전의 설명과는 판이하게 다르다는 것 또한 깨닫게 되었다.

날은 춥고 눈이 오는 아침 등교길. 아들은 모자와 귀마개가 없어졌다고 한바탕 난리를 피운다. 나도 아버지처럼 적절한 조치를 취할 거다. (I'll take an action.)

집 앞 슈퍼에서 따뜻한 호빵 두 개를 사서 아들에게 줘야지.

"아들아, 종이쪽을 귀에 대야 해." "아빠! 개그 해?"

55

아일 테이크 언 액션
I'll take an action.

잉글리쉬

조치 취하겠습니다

I'll take an action.
아일　테이크　언　액션

A : I need to lose weight.
B : How much do you weigh?
A : I weigh over 100 kilogram.
B : You should take an action right away.

A : 나는 살 좀 빼야 해.
B : 몇 킬로그램인데?
A : 벌써 100 킬로그램이 넘었어.
B : 너 당장 조치 좀 취해야겠다.

---

lose weight[루즈 웨이트]살을 빼다, 몸무게를 줄이다 weigh[웨이] 통 무게
를 재다 weight[웨이트] 명 무게 right away=right now 곧

누굴 거지로 아는 거야?

Will this do?
(이거면 되겠니?)

3

폭염이 서서히 누그러지자 TV에 수능 이야기가 등장하기 시작한다. 한의사는 고3 수험생의 건강을 위해 챙겨주어야 할 사항을 조목조목 나열한다. 결코 빠트리지 않는 것은 '제철 과일'에 대한 언급이다.

지방마다 생산되는 과일의 종류와 시기가 조금씩 다를 수 있지만 봄철에는 딸기와 귤, 여름철에는 참외, 수박, 복숭아, 가을 포도, 토마토, 배, 사과, 겨울에는 귤, 낑깡, 사과 등이 제철 과일이다. 요즘 딸기는 계절이 무색하게 겨울철에도 봄철 못지 않게 좋다고 한다. 당도가 높고 신맛도 적은 품종들이 개발되었기 때문이다.

제철이면 좋겠지만 제철이 아니더라도 '과일'과 '채소'를 많이 먹으라는 말로 이해하면 된다.

'딸기는 제철이다.' (Strawberries are in season.)

인생에 있어 우리들의 제철은 이제부터다. 즐기자!

스트로베리즈 아 인 시즌
Strawberries are in season.

잉글리쉬

딸기가 제 철이네요

Strawberries are in season.
스트로베리즈 　　　아　　 인　　　시즌

A : Do you like fruits?
B : Yes, I like most of them.
A : What's in season?
B : I think strawberries are in season.

A : 과일 좋아하세요?
B : 네, 모든 종류의 과일 다 좋아해요.
A : 요즘 제철과일은 뭐가 있죠?
B : 아마… 딸기가 제철이겠네요.

---

fruit[후룻]과일　**most** [모스트] 대부분　**in season** 제철↔out of season
철지난 seasoning[시즈닝]조미료

미국에선 일반적으로 노란색 스쿨버스를 타고 등하교를 한다.

우리 아이들은 엎어지면 배꼽 닿을 거리인 단지 내 학교로 걸어 다닌다. 드물지만 학원 승합차를 타고 학교에 다니는 학생들도 있다. 차편이 불편한 시 외곽에 사는 아이들은 아침 등교를 시켜주고 방과 후에는 학원으로 데려다 공부시킨 후 다시 집까지 태워다 주는 학원을 다닌다.

잘 아는 원장은 시 외곽에 산다. 부인이 폐교를 이용해 미술 작업과 체험을 할 수 있는 아트센터를 꾸미고 있기 때문이다. 그는 아침마다 자녀들과 동네 아이들을 30분 걸리는 오산 시내 학교로 데려다 준다. 내 아내는 자기 때는 초등학교 6년 동안 나지막한 야산을 가로질러 30분을 걸어 다녔다고 으시댄다.

'어디, 불도저 앞에서 삽질하는 소리를 해! 시아버지는 20리 길도 걸어 다니셨는데.'

아우 두 유 고우 투 스쿨
How do you go to school?

How do you go to school?

하우   두   유   고우   투   스쿨

A : What time do you leave your home?
B : Eight fifteen.
A : How do you go to school?
B : By bus, I take the school bus every
     morning.

A : 너는 집에서 몇 시에 떠나니?
B : 8시 15분.
A : 학교에는 어떻게 가는데?
B : 버스로. 매일 학교버스를 타거든.

How 방법을 나타냄 leave[리-브]떠나다 by bus 버스로(by는 교통수단
을 나타내는 전치사) take(교통수단을) 타다

안성에서 치과를 하는 친척은 방학이면 고등학생 둘을 강남 대치동 학원으로 보낸다.

이번 방학에도 방을 얻어 주려고 분주히 돌아다녔지만 허사다. 설령 있다고 해도 보증금 없이 한꺼번에 내는 '깔세'가 평소의 두세 배나 넘게 뛰었던 것이다.

그곳은 6백여 개의 학원들이 몰려 있는데 개강도 하기 전에 대부분 일찌감치 접수가 마감된다.

미국에서의 스튜디오(Studio)는 우리나라의 '원룸'에 해당한다. 그외 One-bed room apartment(원베드룸 아파트먼트) two-bed room apartment(투베드룸 아파트먼트) 등이 있다.

대치동의 원룸은 미국식 원베드룸과 스튜디오의 중간 형태가 많다. 대전에 사는 친구에게 '대전 간다'고 하니 어서 오라고 반긴다.

"녀석! 대치동으로 전세간다란 유행어도 모르나?"

03

아이 원트 어 원 베드 룸 아파트먼트
I want a one-bed room apartment.

잉글리쉬

방 한 개 짜리 찾아요

I want a one-bed room
아이   원트   어   원   베드   룸

apartment.
아파트먼트

A : What kind of place are you looking for?
B : One-bed room, not too expensive,
  and close to the subway.
A : I've got several to show you.

A : 뭘 찾고 있나요?
B : 원룸요. 너무 비싸지 않고, 지하철 역하고 가까운 거 있나요?
A : 몇 개 좀 보여드릴게요.

---

place[플레이스]장소   look for ~를 찾고 있다   expensive [익스펜시브]
값 비싼   subway[썹웨이]지하철   several [쎄브럴]여럿

교육열이 남다른 학부모들은 아이의 방과후가 더 바쁘다.

학교를 파하자마자 아이를 태워서 학원에 늦지 않게 데려다 놓는다. 근처 서점에서 책을 뒤적이며 아이가 끝나기를 기다렸다 다음 행선지인 'OO 스터디'에 데려다 준다.

따로 직업이 없는 엄마들은 발로 뛰는 반면, 맞벌이를 하는 엄마들은 휴대전화를 들고 수시로 아이와 학원을 원격 조정한다. 이런 학부모일수록 학원 차량 서비스가 만족스러워야 한다.

"선생님, 저희 애 꼭 코너 돌아서 세워 주세요."

(Please drop him off at the corner.)

차량 기사가 시간에 쫓겨 내려야 할 장소보다 한두 걸음 떨어진 곳에 아이를 내려주는 날엔 전화벨이 날카롭게 울린다.

어찌 생각하면 지나치다고 할 수 있겠지만 좋은 학원 찾아 질 높은 교육을 시키려는데 누가 말리겠는가?

이는 새로운 형태의 맹모삼천지교(孟母三遷之敎)이다.

드롭 미 오프 엣 더 코너
Drop me off at the corner

한번 들어가면 되나오기 없기. 끝장낼 때까지 참아내기. —나사론—

코너 에서 내려주세요

Drop me off at the corner.
드롭 미 오프 엣 더 코너

A : Where shall I drop you off?
B : Drop me off at the corner, please.
A : Here we are. Don't be late.
B : I won't, dad.

A : 어디서 내려줄까?
B : 저기 모퉁이에서 내려줘요.
A : 자, 다왔다. 늦지 마라.
B : 알았어요. 아빠.

drop off 내리다↔pick up[픽업]태우다   **Here we are** 다왔다   corner 모퉁이 late 늦다 won't [오운트]=will not 의 단축형

미스코리아 출신의 아나운서, 외고, 명문대를 거친 탤런트, 서울 최고 대학, 스위스 공대 박사인 가수. 일제시대 학무대신을 지낸 조부, 현역 3선의 국회의원인 아버지, 명문 의대 교수인 어머니, 미국 유학파 출신의 영화배우.

엄친아, 엄친딸로 불리는 이들은 자로 잰 듯 반듯한 스펙이다.

그런데 TV나 인터넷에 떠도는 '엄친아'는 많은데 정작 내 주위에는 이 정도 스펙을 가진 사람은 눈 씻고 찾아도 보이지 않는다. 오히려 '엄친아'로 인해 스트레스를 받는 사람들은 많이 있다.

공부에 대한 동기유발을 위해 적당한 자극은 필요하지만 지나친 비교는 자식을 몹시 힘들게 만든다.

"아빠, 나 배에 식스 팩 생겼다."

"야, 부럽다."(I envy you.)

아이 엔비 유
I envy you.

잉글리쉬

부럽다

I envy you.
아이   엔비   유

A : I went to Paris and saw the Eiffel tower.
B : Wow! That's fantastic.
A : And then I went to England and saw
    Big Ben.
B : I envy you.

A : 저는 파리에 가서 에펠탑을 보았어요.
B : 와우! 정말 멋있었겠어요.
A : 그리고 영국으로 가서 빅벤도 보았는 걸요.
B : 정말 부럽네요.

envy 남이 갖고 있는 것을 자기도 갖고 싶다고 부러워하는 감정   fantastic
[팬테스틱] 환상적인, 멋진   England 영국 English 영국인, 영어

지방 중소 도시에서 표밭을 일구며 여의도 입성을 꿈꾸는 중학교 동창이 있다.

친구는 당에 충성을 맹세하며 줄을 잘 잡고 서 있었는데 이번 총선에 느닷없이 전국적인 인물이 끼어드는 바람에 그 자리에 주저앉을 수밖에 없었다. 동창 역시 따지고 보면 농협 조합장을 지낸 자기 아버지 입김으로 지역 선배를 제끼고 지구당 위원장 자리를 꿰찼으니 '끼어드는 것'에 그도 할 말은 없다.

아내한데 친구 녀석의 안타까운 사연을 얘기 하는데 옆에 있던 아들이 끼어든다.

"아빠 친구 키다리 아저씨 말하는구나?"

"아들, 너 할 일이나 해! 우리 이야기하는 데 끼지 말고."

(Don't cut in on us.)

돈 컷 인 라인
Don't cut in line.

Don't cut in line.
돈　　컷 — 인　 라인

A : We should tell him to get out of the line.
B : I know. Nobody should cut in line.
A : We have been waiting here for an hour.
B : I will tell him to go to the back.

A : 저사람 줄에서 나가라고 해야겠다.
B : 맞아. 새치기는 아무도 안 돼.
A : 우리는 여기서 한 시간 동안이나 기다리고 있는데 말야.
B : 내가 줄 맨 뒤로 가라고 할게.

cut in line (자동차, 사람)이 새치기하다　 stand in line 줄을 서다
nobody[노바디] 아무도 아니다　 for[훠]동안

중국은 워낙 자전거를 많이 타고 다녀서 보통은 장사하는 집 앞의 담벼락에 사람들이 자전거를 주차하고 출근하는데, 이게 너무 심했던 모양이다.

집 주인은 트위터 담벼락에 글을 남기듯 시멘트 담벼락에 자전거를 주차하지 말라는 온갖 경고문을 다 써봤다. 부탁하는 글도 쓰고, 바퀴를 빵구 내겠다는 협박하는 글도 썼지만 별 소용이 없었다.

어느 날 궁리 끝에 집주인은 아주 기발한 생각을 떠올렸다. 그리고 그날로부터 모든 자전거는 자취를 감추게 되었다.

그 글귀란?

"자전거 공짜로 드립니다. 아무 것이나 가져가세요."

세상에 공짜 싫어하는 사람 어디 있으랴. 공자님! 전 이 자전거 공짜로 얻었어요. (I got it for nothing.)

07

아이 갓 잇 훠 나띵
I got it for nothing.

한번 들어가면 되나오기 없기, 끝장낼 때까지 참아내기. —나사론—

잉글리쉬

내 이거
공짜로 받았다

I got it for nothing.
아이 갓   잇 훠   나띵

A : How much did you pay for this suit?
B : I paid 60 dollars. It was on a 50% off sale.
A : That's a real bargain. I paid 170 dollars
     for the same suit.
B : Yeah, I got it for nothing.

A : 이 수트 얼마 주고 샀니?
B : 60달러야. 50퍼센트 할인가로 샀어.
A : 정말 싸네. 난 같은 걸 170불 줬는데 말야.
B : 그래, 거의 공짜로 산 거지.

---

suit[수-트] 양복, 옷 paid[페이드] 지불하다(pay의 과거형) same 같은
real bargain[뤼얼 바긴] 진짜 할인

255

집에서 글을 쓸 때는 늘 올드 팝송을 크게 틀어놓는다.

루이암스트롱의 목소리가 일품인 'What a wonderful world' 아득한 환상의 나라로 데려다 줄 것만 같은 'Over the rainbow' 여름을 손짓 하는 'Surfing USA' 등은 몇 십 년을 들어도 지겹지 않은 명곡 중에 명곡이다.

그 중에서 내 인생을 되돌아 보게 해주는 '마마레이드' 의 'Reflections of my life' (내 인생의 반영)이 있다. 'Take me back to my own home' (내 고향으로 보내주오!) 하며 절규하는 목소리가 호소력 짙다.

친구는 필리핀으로 출장 갈 때 내가 알려준 영어 문장 달랑 하나 알고 떠났다.

"기사님, 역으로 날 데려다 줘요."

(Take me to the station.)

친구도 이 노래는 무진장 좋아했는데 …

테이크 미 투 더 스떼이션
Take me to the station.

한번 들어가면 되나오기 없기. 끝장낼 때까지 참아내기. ─나사론─

역에
데리고 가 주세요

Take me to the station.
테이크　　　미　　투　　더　　　스떼이션

A : Please take me to the station.
B : Yes. but I'm afraid there is a traffic jam.
A : Was there an accident?
B : No, it's just rush hour.

A : 역까지 태워주세요.
B : 네, 교통체증이 걱정되는군요.
A : 사고 났나요?
B : 아니요. 퇴근시간이라서요.

take A to B A를 B로 데리고 가다 traffic jam [트레픽잼]교통체증
accident[엑시든트] 사고, 일 rush hour [러쉬아워] 혼잡시간

살과의 전쟁을 선포하고 아침마다 인근 산을 오르내렸다.

어느 날 산에 갔다 집으로 오니 아내는 풍선아트 수업을 받으러 먼저 나가고 없었다. 호주머니를 뒤져 문을 열려 했는데 아뿔싸 열쇠가 없다. 하는 수 없어서 아들이 다니는 아파트 단지 안에 있는 학교를 찾아갔다.

복도에서 만난 한 여선생님이 날 보더니,

"무슨 일입니까?"

"아들 만나러 왔는데요." (I'm here to meet my son.)

5반 교실에 이르러 뒷문 틈으로 안을 들여다보니 아들과 우리 집에 종종 놀러오던 친구는 앞에 나가서 손을 들고 있는 게 아닌가? 아이쿠, 들어갈 수도 없고 그렇다고 돌아갈 수도 없고.

입국수속 때 '우리나라 방문 목적이 뭡니까?' 라고 물어보면

"여행 왔어요." (I'm here for sightseeing.)

아임 히어 포 사이트시잉
I'm here for sightseeing.

여행 왔어요

한번 들어가면 되나오기 없기. 끝장낼 때까지 침아내기. —나시론—

I'm here for sightseeing.
아임 　　히어　　　포　　　　　사이트 시잉

A : Why have you come to the
　　United states?
B : I'm here for sightseeing.
A : Oh, how nice!
　　I wish you much happiness.
B : Thank you. Have a great day, Sir.

A : 미국에는 무슨 일로 오셨나요?
B : 여행 하러 왔어요.
A : 정말 멋지네요. 즐거운 시간 보내세요.
B : 감사합니다. 좋은 하루 되세요.

The United States[더 유나티드 스테이쯔]미국의 정식 국명　sightseeing
[사이트시잉]관광, 유람　　happiness[해삐니스]행복

주말엔 중고생을 대상으로 하는 토익 강좌를 8년째 계속하고 있다. 그동안 수많은 학생들이 수강하였고 실적이 꽤 좋은 편이다. 수업 참여도도 높아 지각이나 결석하는 친구들은 거의 없다.

그 중에 연주만 3년 동안 다니면서 제시간에 교실에 와 있었던 적이 손가락으로 꼽을 정도다. 왜 늦었냐고 다그치면,

"선생님도 우리 입장되어 보세요. 할 일이 얼마나 많은데요."

꼬박꼬박 말대꾸하는 그녀는 졸업 전 대학생들도 힘든 950점이란 점수를 받아낸 덕분에 학원 PR이 저절로 되었다.

이후 연주는 외고를 졸업하고 대학에서 정치외교학을 전공한다. 대학 1학년 때 중학생의 과외를 알선해 주었는데 한 학기도 못하고 쫓겨났다. 수업시간에 자주 늦게 나타나 불성실한 선생으로 낙인이 찍혔던 것이다.

"연주야, 왔니?

"아직도." (Not yet.)

낫 옛
Not yet?

한번 들어가면 되나오기 없기, 끝장낼 때까지 침아내기. ~나사론~

아직도?

Not yet?
낫 옛

A : Honey, is dinner almost ready?
B : No. Chicken needs to be ovened more.
A : Not yet? They will be here soon.
B : I know. If you helped me, it could have
    been finished by now!

A : 여보 저녁 다 됐어?
B : 아니. 치킨이라도 좀 더 요리해야 해.
A : 아직도라고? 애들이 곧 올 건데.
B : 나도 알아. 당신이 좀 도와주었더라면 지금쯤 마쳤잖아!

almost[얼모스트]거의 oven 오븐에 굽다(요리하다) could have+P.P ~
할 수 있었는데(아쉽다) by now 지금쯤은, 벌써 영어 검정시험장에 시험 감독관 자격으로 갔다. 사설단체에서 주관하는 이 시험은 듣기, 읽기, 쓰기, 말하기 4가지 영역을 평가하여 근사한 자격증도 발급한다.

시험지를 받은 지 한참 되었는데 이름조차 쓰지 않고 멍하니 앉아 있는 학생이 있었다. 다가가 왜 그러냐고 물어 보았더니,

"시험 보기 싫어요."

살면서 얼마나 많은 시험을 보아야 하는데 초등 3학년인 이 아이는 벌써 시험 스트레스에 빠져버린 듯하다. 결혼, 승진과 같은 좋은 일도 스트레스가 작용되어 좋지 않다는데 시험 스트레스는 면역체계를 마비시킬 수도 있다.

"아들아, 시험 잘 봤니?"(How was your exam?)

수학경시대회에 참가한 아들에게 나도 모르게 휴대전화 문자를 보내고 있었다.

하우 워즈 욜 이그잼
How was your exam?

잉글리쉬

시험은
어땠니?

How was your exam?

하우   워즈   올   이그잼

A : How was your exam?
B : Oh, it was awful. I couldn't get half of
   the questions.
A : I prepared for the test for 2 days.
B : Good for you.

A : 시험 어땠냐?
B : 에고... 끔찍해. 난 질문의 반도 못 썼어.
A : 나는 이틀 동안 준비했지.
B : 잘했네.

exam[이그잼]시험의 준말   awful[오우플] 지독히(very bad)   Good for
you. 상대방을 칭찬할 때 쓰는 말 prepare[프리페어]준비하다 미국에는 '백투스쿨 세일 시즌'이 있다.

대개 8월 중순부터 9월까지 진행되는 이 행사에는 세금이 무료라서 그동안 쇼핑을 자제하다가 개학이 시작되는 이 기간에 학용품, 신발, 의류, 컴퓨터 관련 제품 등을 구입한다.

나도 새 학기가 돼서 아이들을 데리고 마트에서 연필, 공책, 자 등 학용품과 실내화까지 사 가지고 왔다.

"이젠 개학 준비 다 됐네, 참, 방학 숙제는 다 끝냈지?"

아들의 눈빛이 심상치 않다. 추궁해 보니 아직까지 일기를 다 쓰지 않았던 것이다. 몸으로 때우겠다는 녀석을 일단 구슬리고 누나 것을 슬쩍 봐가며 저녁 늦게까지 쓰게 하였다.

"아들아, 일어나! 학교 갈 시간이야."

(It's time to go to school.)

아침에 녀석을 깨웠지만 아직도 방학인 줄 아는가 보다.

12

이쯔 타임 투 고우 투 스쿨
It's time to go to school.

It's time to go to school!

이쯔 타임 투 고우 투 스쿨

A : It's time to go to school!
　　Are you ready?
B : No, not yet.
A : Hurry. You are going to miss the bus.
B : Okay.

A : 학교 갈 시간이다! 준비됐니?
B : 아직요.
A : 서둘러 너 버스 놓치겠다.
B : 알았어요.

It's time to~ 할 때야(It's time to go to bed. 잠자리에 들 때야.)　miss 놓치다, 그리워하다

학원 성인반에 출석하여 꾸준히 영어를 배우는 젊은 주부가 있다. 언어 감각이 좋은데다 공부에 대한 열의가 남달라 방송대학 영어영문학과에 입학하고 방학에는 뉴질랜드로 어학연수까지 다녀왔다.

그녀는 가정 형편상 대학입학을 포기하고 곧바로 직장에 취업했지만 학창 시절에는 영어 회화반 리더도 했다고 한다. 얼마 전엔 초등학생 서너 명을 모아 지도할 예정이라고 하면서 무척 좋아했었는데 그 후 뭔가 문제가 생겼는지 통 연락이 없다. 나중에 알고 보니 학부모님 중에 한 분이 그녀에게 물었다.

"어느 학교 다니세요?" (Where do you go to school?)

대답을 들은 그 학부모는 아이를 맡길 수 없겠다고 하더란다.

그럼, 학부모님은 '어느 학교 나오셨어요?' (Where did you go to school?)라고 묻고 싶다.

간판보다 실력이 우선이다.

13

웨어 두 유 고우 투 스쿨
Where do you go to school?

Where do you go to

웨어 　　 두 　　 유 　　 고우 　　 투

school?

스쿨

A : Hi, I'm Jane.
　　Are you a middle school student?
B : That's right.
A : Where do you go to school?
B : I go to Neilson.

A : 안녕 난 제인이야. 넌 중학생이야?
B : 그래 맞아.
A : 어느 학교에 다니는데?
B : 닐슨중학교.

What school do you study at? 어느 학교 다녀? 어느 학교 졸업했어는 do
를 did 로 바꿔 Where did you go to school?　**middle school** 중학교

어린 딸아이를 데리고 거리를 나서면 아이는 신호등을 가리키며 '엄마, 이게 뭐야?' 묻는다. 대답을 들으면 다음엔 나를 쳐다보며 '아빠, 그럼 신호등은 영어로 뭐야?' 이렇듯 딸은 보는 사물마다 족족 물어보는 호기심이 남다른 아이였다.

"아빠, 차 닦기(wiper)는 영어로 뭐라고 해?"

중학생이 된 지금도 사전을 뒤져 보라는 핀잔에도 전혀 아랑곳 없이 '이건 영어로 뭐야?'(What do you call this in English?) 라며 집요하게 질문한다.

주부영어 수업에서 '샌님, 왕따(Bullying)가 영어로 뭐라캅니꺼?' 학원으로 돌아오니 초등 1학년 준목이가 날 기다렸다는 듯이 달려와 묻는다.

"원셈, 코딱지(nose wax)가 영어로 뭐예요?"

아, 지겨워, 제발 사전 좀 찾아 봐라.

14

왓 두 유 콜 디스 인 잉글리쉬
What do you call this in English?

한번 들어가면 되나오기 없기, 끝장낼 때까지 침아내기. −나사론−

What do you call this in
왓 　두　 유 　콜　 디스 　인

English?
잉글리쉬

A : What do you call this in English?
B : We call it 'treadmill.'
A : Oh, isn't it a 'running machine?'
B : I think it's a broken English.

A : 이걸 영어로 뭐라고 해요?
B : 트레드밀이라고 해.
A : 아, '런닝머신' 아니예요?
B : 내 생각엔 그거 엉터리 영어 같구나.

How do you say "X" in English? X를 영어로 뭐라고 해요? treadmill[추
레드밀]런닝머신 **broken English**[브로큰 잉글리쉬]엉터리 영어

책을 편집 디자인하는 영희 씨는 우리 가족의 주말여행을 무척 부러워한다. 내 개인 카페인 〈오산문화모임〉에 여행사진을 올려놓으면 '아, 부럽다. 나도 가족여행 떠나야지. 못살겠다.' 란 댓글을 단다.

그림 그리기를 업으로 하던 젊은 날에는 예술적 영감을 얻으려는 생각에 직물을 짜듯 국토를 횡으로 종으로 달리던 적도 있었다고 한다. 요즘은 막상 떠나려고 해도 사정이 녹녹치 않아 포기하게 된다. 혼자 꾸려 가는 사무실이기에 생각처럼 짬 내기가 쉽지 않은 것이다. 부러워만 하는 영희씨에게 나는 이렇게 한 마디 한다.

"한번 해 봐." (You give it a try.)

여행에서 가장 어려운 코스는 '문지방 넘기' 라고 한다. 외국인하고 첫 말문을 트기 어려워하는 아이에게도 말해 봐. 번지점프가 두렵다는 친구에게도 말해 봐.

15

유 깁브 잇 어 트라이
You give it a try.

잉글리쉬

한 번
시도해 봐요

You give it a try.
유 깁브 잇 어 트라이

A : What's this?

B : It's a kind of seafood. Give it a try.

A : Well, I never had this, but I like to
　　try new things.

A : 이게 뭐야?

B : 해산물 종류. 한 번 시도해 봐.(먹어 봐)

A : 뭔지는 모르겠지만 새로운 거니까 한번 먹어 볼게.

try[추라이]시도, 해보기, 노력　　seafood [시푸드] 해산물, 해산물 요리
never 결코~ 않다

"고 대리 책 갖다 주었나?"

강남에 있는 한 백화점에 '리빙'을 다룬 외국잡지를 보내주라는 부장의 지시에 따라 점심시간을 이용하여 백화점 2층 생활용품부에 놓고 돌아왔다.

며칠 후 무역서류를 뒤적이고 있는데 갑자기 강남 모 백화점 붕괴라는 뉴스 속보가 나왔다. TV 속 그곳은 말 그대로 아비규환이다. 딱 일주일 전에 다녀온 잘 꾸며져 있던 그 백화점은 거대한 콘크리트 더미로 변해 버렸다. 빨리빨리, 대충 얼렁뚱땅 일 처리가 불러일으킨 대참사다.

스페인에는 건축가 가우디가 1882년 세우기 시작하여 129년이 지난 오늘날까지도 공사 중인 〈사 그라다 파밀리아〉 건축물이 있다. 시간과 정성으로 짓는 건물, 거기에 신앙심까지 듬뿍 담았으니 그 건물은 후세까지 영원히 전해질 것이다.

공사도 천천히. 음식도 천천히. (Slow down!)

16

슬로우 다운
Slow down.

한번 들어가면 되나오기 없기. 끝장날 때까지 침어내기. —나사론—

Slow down.
슬로우 　　　다운

A : You had better slow down.
　　You're going way too fast.
B : Relax. I've been driving since I was 14.
A : Then you're a very lucky woman to be
　　still alive.
B : That's true.

A : 속도를 줄이는 게 좋겠어. 너무 빨리 달리고 있잖아.

B : 안심해요. 14살 때부터 운전을 했어요.

A : 그럼 아직까지 살아 있는 게 다행네.

B : 그건 그래.

had better ~하는 편이 좋다　fast 빠른, 빨리　since[신스]~이래로　relax
[륄렉스] 안심하다 느긋하다　alive[얼라이브]살아 있는

기업체에서 아침 수업을 하는데 수강생 둘이서 강의 내내 뭔가 써가며 수근댄다. 이상하게도 10시 주부영어 시간에도 옆에 붙어 앉은 두 여성이 들었던 계라도 깨졌는지 손으로 입을 가린 채 소근거린다.

"수업에 집중해 주세요."

몇 번을 지적해도 그때 뿐, 그들만의 은밀한 담화는 계속된다.

오후에 학원으로 돌아와 수업을 하는데 초등 1학생이 수업엔 관심이 없고 연신 코만 파면서 창밖을 내다본다.

"재형, 그러면 안 돼." (Don't do that.)

집으로 돌아가는 재형에게 〈그러지 마〉라는 제목의 동화책을 빌려 주며 엄마랑 읽어 보라고 했다. 토니로스가 쓴 그 책은 어린이에게는 '콧구멍 후비지 마'는 교훈과 어른에게는 '아이 말도 잘 들어봐 주세요.' 라는 메시지를 담고 있다.

하긴 교사 연수에서도 떠들다 쫓겨나는 사람들이 있는데….

17

돈 두 뎃
Don't do that!

Don't do that!
돈 　 두 　 뎃

A : You promised to meet me at five.
　　Don't you remember?
B : Oh, I forgot.　I'm sorry.
A : Don't do that again.
B : I won't.

A : 너 나랑 5시에 만나기로 했잖아. 잊었어?
B : 아... 잊었어 미안해.
A : 또 그러지 마라.
B : 응.

promise[프라미스] 약속, 약속하다　remember 기억하다　Don't~ 금지
(~하지 마라) Don't be silly. 바보같이 굴지마, Don't jaywalk 무단 횡단 금지

학부모님 상담 시 자주 듣는 말 중에 빠지지 않는 것은,

"우리 애는 학원만 갔다 오면 땡이에요."

숙제고 뭐고 하루 종일 친구들과 나가 축구하다 들어와 저녁을 먹고는 게임 1~2시간 하다가 그냥 잔다는 거다. 게임은 약속대로 하루 1시간 꼬박꼬박 하면서 공부는 정해진 시간대로 하지 않는다는 하소연이다. 이와는 반대로 숙제가 많다고 불만을 털어놓는 학부모님도 생각 밖으로 많다.

"숙제에 치어 아무 것도 못해요."

발레, 그림그리기, 논술을 할 겨를이 없다고 하니 정말 어느 장단에 추임새를 넣어야 할지 모르겠다.

"그래도, 숙제는 다 하고 노니?"

(Did you do your homework?)

18

디드 유 두 율 홈워크
Did you do your homework?

잉글리쉬

Did you do your homework?
디드 유 두 올 홈워크

A : Did you do your homework?
B : Not yet, I will do it after dinner.
A : I want you to finish your homework
  before you play the computer game.
B : You mean, right now?

A : 너 숙제 끝났어?
B : 아직이요. 저녁 전에 할 거예요.
A : 컴퓨터 게임하기 전에 숙제 마쳤으면 좋겠다.
B : 지금 당장 하란 거예요?

---

finish 마치다   not yet [낫옛] 아직도   this evening 오늘 저녁(this month
이번달, this year 올해)   before[비포오]전에   after 후에

아이들 방을 열어 본 아내가 버럭 큰 소리를 친다.

"컴퓨터 꺼!" (Turn off your computer.)

방학이라고 컴퓨터 앞에 딱 달라 붙어 있는 딸아들에게 아내는 단단히 화가 났다.

"계획표 좀 봐라, 지금 뭐하는 시간인지?"

전에도 몇 번 경고를 했는데 알아듣지 못하는 애들을 나란히 앉히고 등긁개로 바닥을 탁탁 치며 일장 연설을 계속한다. 녀석들은 눈물을 찔끔 흘리며 엄마 말씀 잘 듣겠다고 맹세를 한다.

이때 갑자기 아들이 소리쳤다.

"엄마 가스렌지 꺼요!"

가스렌지 위에 올려 놓은 빨래감이 끓어 넘쳤고 아내는 부엌으로 허겁지겁 달려갔다.

이그, 피장파장이군!

19

턴 어프 욜 컴퓨터
Turn off your computer

컴퓨터
좀 꺼라!

Turn off your computer.
턴   어프   올   컴퓨터

A : I'm chatting with my friends on line.
B : You spend too much time on the
    computer.
A : But, Mom··· It's fun.
B : Turn off your computer right now.

A : 인터넷으로 친구랑 채팅하고 있어요.
B : 너 컴퓨터 너무 많이 한다.
A : 근데, 엄마··· 이것 너무 재미있어요.
B : 당장 컴퓨터 꺼라.

chat[촷]말을 걸다, 이야기 하다   on line 실시 중에, 작동(가동)중에
spend[스펜드](시간, 돈)보내다, 쓰다   turn off[턴오프]끄다↔turn on 켜다

언젠가부터 아이 책상에 '한자 급수 시험' 책이 놓여 있다.

아내는 초등학교 고학년이 된 아들의 시험을 준비시키고 있다. 8급부터 3급까지 단계적으로 보는 그 시험은 주로 사설 단체가 주도하여 일 년에 몇 차례씩 시험을 본다.

우리 전통문화를 잘 이해하기 위해 한자 교육은 반드시 필요하다고 생각한다. 한자를 쓰는 중국, 일본, 우리나라 등 동북아시아 3국은 물론 아시아에서 활동하려면 한자는 필수 아닌가?

어제는 시험 결과가 있었는데 아들이 자랑하질 않는다. 합격했으면 아마 온통 난리를 쳤을 텐데 …

아들아, 낙심하지 말고 계속해! 힘 내! (cheer up!)

따뜻한 말 한마디가 기름진 음식보다 더 사람의 마음을 풍성하게 만든다.

취어 업
Cheer up!

Cheer up!
취어　　　　업

A : I lost my MP3. I guess I left it on the bus.
　　I'm afraid someone took it already.
B : Cheer up! Why don't you call the bus
　　company?
A : That's a good idea.
B : Come on. Call them now!

A : MP3를 잃어버렸어. 내 생각엔 버스에 놓고 온 것 같은데.
　　누가 벌써 가져갔으면 어떡하지?
B : 힘내, 버스 회사에 전화해 보는 건 어때.
A : 좋은 생각이다.
B : 지금 당장 전화하자.

---

guess[게스]추측하다　left 남겨 놓다 (leave의 과거형)　already[얼뢰디]
이미　Why don't you~? ~하자　company[캄퍼니]회사

세계 곳곳에서 활약하는 한국인의 성공담을 다큐멘터리 형식으로 구성한 프로그램을 보았다. 온갖 역경을 딛고 자신의 작은 화학 약품 판매점을 미국 내 굴지의 회사로 성장시킨 자랑스러운 한국인 편이다.

전쟁터와 같은 직장에서 집으로 돌아와서는 그는 한없이 자상한 아빠의 모습으로 변한다. 격무에 시달려 휴식을 취해야 할 시간을 쪼개 아들과 미식 축구공을 던지며 놀아준다. 아들이 힘껏 던진 공을 아버지가 어렵게 잡아내자 소리친다.

"Did a good job, Daddy!"

아들도 아나? 아빠의 좋은 직업을. 'Job'을 '직업'으로만 알고 있으면 이런 엉뚱한 상상도 무리가 아니다.

그녀가 사상 최대 규모의 무기를 한국에 판매했다고 대통령에게 보고하자 그는 한 마디 칭찬을 한다.

"국무장관, 참 잘했어요!"(You did a good job)

21

유 디드 어 굿 잡
You did a good job.

잘했어

You did a good job.
유 디드 어 굿 좝

A : Tommy, did you wash my car?

B : Yes, I spent 2 hours to do this.

A : No wonder it's so shiny.
   You did a good job.

B : Thank you. You like it, mom?

A : 토미, 세차 다 했어?

B : 네. 2시간 동안이나 세차했어요. 빤짝거릴 정도로요.

A : 잘했구나. 어쩐지 번쩍번쩍 하더구나.

B : 고마워요. 맘에 드세요, 엄마?

You did a good job. Did a good job. A good job. 등으로 줄여서 씀
spent[스펜트] spend(시간을 보내다)의 과거   **shiny** [샤이니]반짝거리는

한 학기 동안 대학에서 '취업영어' 특강을 끝마치고 익히 잘 알고 있던 산업디자인과 남학생을 만났다. 다음주부터는 미국으로 어학연수를 가기 때문에 당분간 뵙지 못할 것 같아서 섭섭하다는 말을 전한다. 최소 3개월치 어학원 비용을 선불로 내야 하는데 애걸복걸해서 1달 수강료만 지불하고 달랑 500불을 손에 쥐고 떠났다.

지금이 50~60년대도 아닌데 돈도 없이 낯선 곳에서 어떻게 살까 걱정이 앞섰다. 까맣게 잊고 지냈는데 반년이 지난 어느 날 그가 뉴욕의 한 터미널 하치장이라며 전화를 걸어 왔다. 꽤 좋아진 뉴욕 영어 발음으로 인사를 건넨다.

"안녕하세요? 오랜만입니다."

고작 하루 4시간 새우잠을 자며 공부를 이어가고 있다고 한다.

나는 그에게 다시 한 번 행운을 기원했다.

(Good luck to you!)

굿 럭 투 유
Good luck to you!

한번 들어가면 되나오기 없기. 끝장낼 때까지 참아내기. ―나사론―

잉글리쉬

행운을 빌게

Good luck to you!
굳 럭 투 유

A : Were you serious when you said you
would quit?
B : Absolutely. This is my last week.
A : Good luck to you. I'll miss you around.
B : We can still hang out, you know.

A : 그만둔다고 하던데 진심이세요?
B : 정말이에요. 이번 주가 마지막이에요.
A : 잘 되시길 바라요. 보고싶을 거예요.
B : 가끔 만나서 놀면 되잖아요.

serious[시리어스] 진실의, 심각한   quit[큇] 그만두다   absolutely[엡솔루
틀리] 확실하게   hang out 어울리다

"제 발음도 괜찮을까요?"

아이에게 영어 동화책을 읽어주고 싶다는 주부는 발음이 걱정이라고 한다.

정확하게만 한다면 한국식 발음도 나쁘지 않다. 단지 입안에서 우물우물거리거나 느끼한 본토 발음을 운운하며 혀를 지나치게 굴리면 안 된다. 큰 소리로, 자신감 있게 발음하면 된다.

전 미국 국무장관이었던 헨리 키신저는 독일 이민자 출신으로 영어 발음은 좀 딱딱했지만 누구도 그의 영어가 엉터리라고 말하는 사람은 없었다.

발음의 중요성은 상대방이 무슨 말을 하는지 정확히 알아듣게 하는 데 있다. 자주 회화 테이프를 듣고 발음을 익혔다가 그대로 아이에게 발음해 주면 된다.

"난 한국말보다 미쿡말이 더 편합니더."라고 까부는 한 선생, 책상에 허벅지를 부딪치자 'Oops' (웁스)보다 '아야' 소리가 앞선다.

23

하우 두 유 프러나운스 디스
How do you pronounce this?

이건

어떻게 발음해요?

How do you pronounce
하우 두 유 프러나운스

this?
디스

A : How do you pronounce this word?
B : We say, 'Annyeong.'
A : Does it mean 'Good bye?'
B : Yes, and it's also 'Hello.'

A : 이 단어 어떻게 발음해요?
B : '안녕' 이라고.
A : 헤어질 때 쓰는 인사예요?
B : 그래, 또 만났을 때도 쓰지.

pronounce[프러나운스] 통 발음하다, 음독하다 pronunciation 명 발음
say 말하다, 발음하다 mean 의미하다

집에 돌아오니 아이들이 감자칩을 먹으며 TV를 보고 있다.

이젠 그만 보고 책을 읽었으면 좋겠는데…

〈TV안보기 시민모임〉에서는 TV 시청은 시간낭비 측면도 있지만 프로그램이 너무 성적, 폭력적, 고정 관념적이라는 지적을 한다.

TV를 끄면 가족의 행복이 보인다. 가족끼리 대화가 늘어나고 책을 읽게 되고 자기를 돌아보는 성찰의 시간도 생기게 된다. 또한 운동을 통해 건강을 유지하고 취미 활동에도 적극적으로 참여할 수 있는 시간을 확보할 수도 있다.

TV를 없애버리려고 몇 번이고 마음먹지만 뉴스, 스포츠 중계, 주말에 즐겨보는 영화를 떠올리면 막상 실천에 옮기기가 어렵다.

"얘들아, 텔레비전 그만!" (No more television!)

24

노 모어 텔레비젼
No more television.

No more television.
노　　　모어　　　　　텔레비전

A : I asked you not to fight over the channel.
B : Sorry, mom.
A : Don't say sorry, no more TV for the week!
B : What?

A : 니들 채널 갖고 싸우지 말라고 했지?
B : 미안, 엄마.
A : 미안이라는 말 필요 없다. 이번 주는 더 이상 TV 못 봐.!
B : 뭐… 뭐요?

fight[화이트]싸우다　over ~의 일로, 때문에(They are quarreling over their legacy. 그들은 유산을 갖고 싸우고 있다.)　no more 그 이상(이제는) ~않다

지역 문화원에서 한국어를 배운 필리핀인 로엘이 '한국어능력시험'에 합격했다고 보쌈집에서 한턱을 낸다고 하여 모였다.

　　이미 한국어 과정을 이수한 우즈벡 출신 김이사 씨는 식당에서 일할 때 처음 접한 한국말이 너무 신기했다며 깔깔댄다.

　　점심시간, 손님들이 들이닥치면 주인 아줌마가 크게 소리친다. '손님 받아라!'

　　사람을 공처럼 던지기라도 한단 말인가? 받긴 뭘 받아? 입구에서 안아다가 안으로 던져버리는 줄 알았단다.

　　그들이 경험했던 사례들을 들려줄 때마다 배꼽을 잡았다.

　　'손님 접대하느라 엄청 애먹었어. 아, 왜 이리도 애를 태우는지.' 애를 먹어? 그것도 모자라서 태워 버렸다고? ㅋㅋ

　　한국을 사랑하고 한국어를 열심히 공부하는 외국인들 모두 무척 자랑스럽다. (I'm proud of you.)

　　'다문화 정책'이 좀 더 속도를 내야 한다.

아임 소우 프라우드 오브 유
I'm so proud of you.

잉글리쉬

나 네가
정말 자랑스러워

I'm so proud of you.
아임 　 소우 　 　 프라우드 　 오브 　 유

A : Daddy, I am so happy today.
B : What's new?
B : You know what?
　　Our team won the game.
A : You did a good job. I'm proud of you.

A : 아빠, 오늘 너무 기뻐요.
B : 뭐 좋은 소식이 있니?
A : 아시죠. 우리 팀이 경기에서 이겼어요.
B : 잘했다. 네가 자랑스럽구나.

---

so 매우, 몹시　 What's new? 무슨 좋은 일 있냐?　 won[원] win(승리하다)
의 과거형　 be proud of 자랑스럽다 pride 명 자랑, 자존심

중국 한고조 '유방'은 적의 명장 한신을 위험한 존재로 여기고 계략을 써 그를 잡아들였다. 그러던 어느날 고조는 한신과 여러 장군들의 능력에 대해서 이야기를 나누던 끝에 이렇게 물었다.

　"나는 어느 정도의 군사를 통솔할 수 있다고 보는가?"

　"폐하께서는 한 10만 쯤 거느릴 수 있습니다."

　"그렇다면 그대는?"

　"예, 신(臣)은 '다다익선'이옵니다." (The more, the better.)

　"포로에 불과한 장수가 많을수록 좋다고? 그렇다면 어찌하여 10만의 장수감에 불과한 과인의 포로가 되었는고?"

　"폐하께서는 병사의 장수가 아니오라 장수의 장수이시옵니다. 이것이 신이 폐하의 포로가 된 까닭입니다."라고 한신이 덧붙였다.

　세상에 많으면 많을수록 좋은 것은 어찌 군사 뿐인가?

　그래도 돈보다는 진실한 친구가 많으면 많을수록 가장 부러워할 얘기다.

26

더 모어 더 베터
The more, the better.

The more, the better.
더   모어   더   베터

A : Mr. Brandon. Are you looking for more
    volunteers?
B : Yes. Why?
A : My friend wants to join our club.
B : Sure. The more, the better.

A : 브랜튼. 더 많은 자원봉사자가 필요해요?
B : 네. 왜요?
A : 내 친구가 우리 클럽에 들고 싶어하거든요.
B : 그럼요. 많으면 많을수록 좋죠.

volunteer[발륜티어]자원봉사자   look for ~를 찾다   join 가담하다   the
more~ the better~ 많으면 많을수록 좋다(多多益善)

293

몇 년 전 월트 디즈니의 〈니모를 찾아서〉의 애니메이션을 흉내내는 바람에 금붕어들이 수난을 당한 적이 있다.

어린이들이 어항 속 관상어를 자유로운 바다로 돌려보낸다며 변기 안에 넣고 변기물을 내렸다. 물고기는 어항 안에 있을 때가 가장 행복한데 아이들이 알 리가 없다. 아내는 나와 아들에게 뚜껑을 닫고 변기물을 내리라고 신신당부한다. 뚜껑을 열면 변기물이 사방으로 6미터까지 튀기 때문이다.

하지만 나와 아들은 변기물이 소용돌이치며 내려가는 것을 보는 게 재미있어서 죽어도 그 말을 듣지 않는다.

오늘은 아침부터 아내가 큰소리를 외친다.

"누가 변기물 안 내렸어?"

(Who forget to flush the toilet?)

가족 모두가 손가락으로 나를 가리키고 있다. 이런~

27

돈트 훼겟 투 흘러쉬 더 토일렛
Don't forget to flush the toilet.

잉글리쉬

변기
물 좀 내려!

Don't forget to flush the
돈트   훠겟   투   흘러쉬   더

toilet.
토일렛

A : Jimmy, is that you?
B : Sorry, mom.
A : I told you do not forget to flush the toilet.
B : But it's scary.

A : 지미 또 너니?
B : 엄마 미안.
A : 엄마가 변기물 내리는 것 잊지 말라고 했지?
B : 그런데 무서워요.

Don't forget to~? 하는 것 잊지 마(꼭 하라는 강조)　told[톨드]tell(말하다)
의 과거형　flush 물을 내리다　toilet 변기　scary 무섭다 전광용 작가의 소설 〈꺼삐딴 리〉의 주인공 이인국은 시대의 흐름을 잘 읽는 의사다.

일제강점기에는 집에서도 일본말을 철저히 사용한다. 해방이 돼서 북한에 러시아군이 들어오자 친일파로 구금된다. 하지만 감방에서 재빠르게 친소파로 변신하고, 충성의 징표로 아들을 소련으로 유학 보내며 재기한다. 월남 후에는 친미파로 다시 변신에 변신을 거듭한다.

어느 정도 우려는 했지만 자신의 딸이 백인 사위와 결혼한다는 말에 입맛을 쩝쩝 다시지 않을 수 없는 심정이다.

어려서부터 일본어를 배우며 자란 아버지는 3·8선이 그어지자 고등학교 내내 러시아어를, 월남 후에는 영어를 익혔다. 아버지는 카멜레온처럼 시대에 잘 적응하여 부와 영예를 누리지는 못했지만, 역사의 큰 소용돌이를 거스르지는 못하신 듯하다.

중국의 입김이 점점 커지고 있다. 중국어를 배워야 할까?

28 두 유 스피크 잉글리쉬
Do you speak English?

Do you speak English?

두 유 스피크 잉글리쉬

A : Excuse me, do you speak English?
B : Yes, I do. How can I help you?
A : Well, could you tell me where the central bank is?
B : Just go down two blocks and you will see it.

A : 실례합니다. 영어할 줄 아세요?
B : 예, 무슨 일이죠?
A : 저 중앙은행이 어디 있는지 알려주세요.
B : 두 블럭 더 가시면 바로 보일 겁니다.

Can you speak English? 능력을 물어보는 어감(부드럽게 Do you speak English?가 좋음)　**central bank** [센추럴 뱅크] 중앙은행

297

역전 분식점에는 수백 가지 음식 이름이 써 있는 차림표가 벽에 붙어 있다. 못하는 음식 없고 제대로 하는 음식 없다는 뜻이다.

간단한 라면, 김밥은 물론 한식, 양식, 일식에 이르기까지 말만하면 (You name it.) 늦어도 10분 내에 어떠한 음식이라도 식탁에 올려놓는다.

서울 YMCA 건물 뒷골목의 내가 다니던 재수학원 주변 '라면의 집'은 '아줌마, 떡라면!' '네, 여기' 라고 할 정도로 빠르다.

여러 개의 냄비를 각각의 불 위에 올려 물을 끓이고 있다가 '떡라면!' 하면 라면 한 개와 미리 물에 불린 떡을 투하하고 약간의 계란 물도 살포한다. 거기다 찻숟가락으로 털어 넣는 스프 약간. 데코레이션을 위한 파 송송 …

일요일 아침, '오늘 아침 뭘 먹을까? 말만 해 봐.' 란 소리에 가족 누구도 응답이 없다.

늘 라면만 끓이는 줄 알고 있나 보다.

유 네임 잇
You name it.

You name it.
유　　　네임　　　잇

A : What can I get for you, Ma'am?
B : What kind of food do you have?
A : You name it. We've got it all.
B : A bowl of bibimbob, please.

A : 뭘 드시겠어요?
B : 어떤 종류 음식이 있습니까?
A : 말씀만 하세요. 모두 다 있어요.
B : 비빔밥으로 주세요.

---

name 명 이름, 여기서는 동 '이름을 대다' 라는 뜻(Name this flower. 이 꽃의
이름을 대라.) a bowl of bibimbob 비빔밥 한 대접

중학교에 입학한 딸은 학교생활에 잘 적응하고 있다. 학교에 잘 다니는 것을 보니 은근히 학교 성적도 좋고 친구들과 잘 어울렸으면 하는 바람이 생긴다.

여성회관 강의를 마치고 집으로 가는 길에 딸아이가 친구들과 학교 정문에서 나오고 있는 것을 보았다. 저렇게 재잘거리는 걸 보면 새로 사귄 친구들인 것 같다.

"누가 제니니?" (Which one is Jenny?)

저녁 식사를 하며 물었더니 아까 오른쪽에 있던 애라고 한다.

생각 같아서는 그 애는 키가 얼마니? 그 애 아빠는 돈을 잘 버니? 그 애는 몇 평 아파트에 사니? 그 애의 학교성적은 어떠니? 라고 묻고 싶었지만 〈어린왕자〉가 지적하지 않았던가.

'어른들은 숫자를 좋아해.'

난 그 말을 듣고 싶지 않아 입을 꾹 다물었다.

위치 원 이즈 제니
Which one is Jenny?

한번 들어가면 되나오기 없기, 끝장낼 때까지 참아내기. —나사론—

잉글리쉬

누가
제니야?

Which one is Jenny?
위치 원 이즈 제니

A : Which one is Jenny?
B : She is over there with my sister.
A : There are two girls there.
B : She has a pink bow on her hair.

A : 누가 제니냐?
B : 저기 제 동생과 같이 있는 애요.
A : 두 명인데.
B : 핑크 리본을 머리에 달은 애요.

which one?은 선택을 물어볼 때 쓰는 말(which는 선택의 범위가 주어지고
what은 막연한 선택) bow[보우]리본 매듭 bow tie 나비넥타이

어느 날 사자가 나귀, 여우를 데리고 사냥을 떠났다. 사냥이 끝나고 그들은 수확물을 분배하게 되었다.

사자는 먼저 나귀에게 분배해 보라고 했다. 나귀는 정확히 3 등분으로 나누었다. 화가 난 사자는 그 자리에서 나귀를 물어 죽였다. 이번에는 여우에게 분배해 보라고 했다. 여우는 자기의 몫으로 아주 적은 분량만을 때어내고 나머지는 모두 '사자의 몫'(Lion's share)이라고 했다.

이를 보고 흐뭇한 사자는 여우에게 그렇게 몫을 나누는 법을 어디서 배웠냐고 물었다.

"죽은 나귀가 알려주었어요."

"그렇지, 바로 그거야." (That's it.)

소설가 김학성 씨는 이따금 전화로 영어에 대해 묻곤 한다. 대답을 다 듣고 끊기 전에 어김없이,

"고원장! 어떻게 하면 영어를 잘 하지?"

"김 선생님이 소설을 쓰시듯 꾸준히 하시면 되죠. 그거예요."

댓쯔 잇
That's it.

잉글리쉬

바로 그거야!

That's it!
댓쯔   잇

A: May I see that pink scarf?
B: You mean this one?
A: Yes, that's it.
B: Here you go.

A : 그 핑크색 스카프 좀 보여 주시겠어요?
B : 이거 말인가요?
A : 네.
B : 여기 있습니다.

That's it. (바로) 바로 그거야. (바로 그걸 원하는 거야.)   mean 의미하다
Here you go. 여기 있다.   one 은 앞에 나온 명사 반복

인사청문회를 TV로 보고 있자니 한숨이 절로 나온다. 대법관 후보자라는 사람이 법을 어기고 변명하는 꼴이나, 위장전입을 밥 먹듯이 하면서 자녀 교육 때문이라고 변명을 늘어놓는 후보자나, 제자의 논문을 베껴 쓰고도 고개를 버젓이 치켜세우는 교수 출신 후보자나 다 똑같다. 한술 더 떠 증상도 없는 서류상의 병명으로 병역의무를 면제 받은 후보자는 어떻구.

"창피한 줄 알아라!" (Shame on you!)

일부 고교에서 명문대로 지원할 학생들에게 내신을 좋게 몰아주기 위해 수행평가를 조작했다. 내신 비중이 큰 서울대의 수시 모집 지역균형선발전형에 학생들을 부당하게 합격시키려던 의도였다. 하지도 않은 봉사점수 주고 교내 경시대회 상도 몰아주었다.

아, 부끄러운 우리 사회다.

32

쉐임 온 유
Shame on you!

한번 들어가면 되나오기 없기. 끝장낼 때까지 칭아내기. —나사론—

창피 한 줄 알아라!

Shame on you!
쉐임　　온　　유

A : Look!
They are throwing away empty cans.
B : Shame on you.
Don't they know what they're doing.
A : They even have children.
B : That's what I mean.

A : 저봐라~ 저기 깡통 버리는 가족들이 있네.
B : 창피한 줄 알아야지. 그들은 지들이 뭘 하는지 몰라.
A : 애들도 있는데.
B : 내 말이 그 말이야.

throw away [쓰로우 어웨이]　empty[엠티] 텅 빈　shame on you! 창피한 줄 알아라!　even [이븐]심지어

방학에는 이름만 들어도 알만한 외국 작가들의 기획 전시가 많이 열린다. 올해도 어김없이 피카소, 샤갈, 칸딘스키 등의 전시회를 알리는 배너들이 시내 곳곳 거리마다 나부끼고 있다.

우리 가족은 토요일 늦은 오후에 '피카소와 모던 아트전'을 관람했다. 칼바람이 부는 날씨 탓에 소수의 관람객만이 도슨트로부터 해설을 들으며 느긋하게 감상할 수 있었다.

다녀온 후기를 블로그에 올렸더니 어떤 사람은 부모를 따라온 아이들이 뛰고, 떠들고, 작품 만지고, 핸드폰 소리 때문에 몹시 불쾌했다고 댓글을 달았다. 아직 감상할 준비가 덜 된 아이들에게 성급하게 차원높은 예술작품을 쉽게 보게 하려는 부모님의 지나친 욕심의 결과이다.

공연장 입구에 있는 '픽토그램'을 같이 보면서 관람할 때의 기본 에티켓 정도는 짚어 줘야 하지 않을까?

"너희들, 여기서 그러면 안 돼." (You shouldn't do that.)

유 슈든트 두 뎃
You shouldn't do that.

OMG
잉글리쉬

너 그러면
안 돼!

You shouldn't do that!

유   슈든트   두   뎃

A : We are late. Let's cross the street now.
B : No, you shouldn't do that.
A : Why not? There's no car coming.
B : We shouldn't violate traffic regulations.

A : 늦었다. 지금 그냥 건너가자.
B : 안 돼. 그러면 안 되지.
A : 왜? 차도 안 오는데 뭘.
B : 교통 규칙을 어겨서는 안 되잖아.

cross [크로스]건너다   street 거리   violate[바오레이트]위반하다, 범하다
traffic regulations[트레픽 뢰귤레이션즈] 교통법규

"어머, 세탁기가 안 되네." (It doesn't work.)

결혼 10년 차가 되니 가스렌지, 컴퓨터, 가습기 등 전자 제품들이 하나둘씩 고장 나기 시작한다.

서비스 기사가 방문하여 한번 쓱 보더니 '고치느니 새로 하나 장만하시는 게 낫겠습니다.' 하고는 가버렸다. 돈 들어갈 일 또 생겼다고 아내는 걱정이다.

재작년 겨울, 혈압이 계속 오르고 가슴까지 답답해서 분당에 있는 대학 병원에 뇌검사 (MRI) 촬영을 예약했다. 상담 중에 담당의사가 조심스럽게 '혹시 나쁜 결과가 나오면 어떻게 하겠냐?' 라고 물어서 이렇게 대답했다.

"고쳐서 써야죠."

다행이 큰 이상은 없었고 체중만 조절하면 되겠다는 처방을 받았지만 몸이 잘 움직이지 않으면 정말 어쩌지?

아, 두렵다.

34

잇 더즌트 워크
It doesn't work.

이게
작동이 잘 안 되네

It doesn't work.
잇　　　더즌트　　　　　워크

A : I bought a new scanner.
B : Oh, did you? Does it work well ?
A : No, it doesn't work at all.
B : What do you mean? You broke
　　it already?

A : 나 새 스케너 샀다.
B : 오, 그래? 작동은 잘 되니?
A : 아니, 전혀 작동이 안 돼.
B : 뭐? 벌써 망가트렸어?

bought[보-트] buy(사다)의 과거형 work는 명 일·직업·노동, 통 작동하
다, 움직이다 at all 전혀 broke[브로크]break 의 과거

어릴 적 내 꿈은 단연 만화가였다. 틈만 나면 만화가게로 달려가던 나는 엄마에게 혼난 적도 많았지만 학교에서는 제법 만화 좀 그리는 아이로 통했다.

학생을 가르치는 일을 하는 지금도 그 작은 재주가 곧잘 유용하게 쓰인다. 만화에 대한 관심이 많았기에 아이들을 데리고 만화박물관과 전시회를 다녀오기도 했다. 부천 만화박물관, 용인 둥지박물관, 이천 청강대만화박물관 등이 바로 그곳이다.

내가 쓴 영어책의 삽화를 직접 그리고 싶은 소망으로 3년 전 한 대학 평생교육원 만화창작 과정을 신청했다. 아쉽게도 수강 신청 인원 부족으로 폐강이 되었다.

지금부터는 아이들의 꿈만큼이나 소중한 나의 꿈과 아내의 화가의 꿈도 같이 키워가야겠다.

"당신의 꿈은 무엇이지?" (What do you want to be?)

꿈과 나이는 상관없지 않겠나.

35

왓 두 유 원 트 투 비
What do you want to be?

What do you want to be?

왓 　 두 　 유 　 원트 　 투 　 비

A : What do you want to be in the future?
B : I want to be a cartoonist, but my mother
　　doesn't like it.
A : Then what does she want?
B : She wants me to be a lawyer.

A : 넌 장래 꿈이 뭐니?
B : 난 만화가가 되고 싶은데 엄마가 안 좋아하실 거야.
A : 그럼 엄마는 뭘 하기를 원하는데?
B : 엄마는 변호사가 되길 원해.

future[퓨처]미래　present[프레즌트]현재　past[페스트]과거
cartoonist[카툰니스트]만화가　lawyer[로이어]법률가　law 법

미리 천안에 있는 〈독립기념관〉에 갔다. 3월 1일에는 분명히 관람객이 발 디딜 수 없이 많을 것 같았기 때문이다.

'겨레의 시련'인 2관부터 끓어오르기 시작한 우리의 분노는 관람이 다 끝나고 출구로 나올 때까지 가라앉지 않는다. 일제 만행은 말할 것도 없고 일제에 들러붙어 동족들을 갖은 방법으로 괴롭혔던 친일파들이 우리를 더욱 분노케 만들었다.

지금도 친일파들과 그 후손들은 그 잘난 입으로 함부로 씨부렁거린다. 당시엔 친일 매국행위를 할 수밖에 없었다느니, 전 국민이 창씨개명과 신사참배를 했었으니 모두가 친일파 아니냐며 터무니없는 말로 자기들의 행위를 옹호하려 든다.

"그걸 변명이라고 해?"(That's no excuse.)

매국의 대가로 3대가 놀고먹는 매국의 후손들이 있는 반면 애국의 대가로 물려받은 유산이라곤 가난과 고통뿐인 독립 운동가들의 후손들도 많다.

36

뎃즈 노 익스큐즈
That's no excuse.

한번 들어가면 되나오기 없기, 끝장낼 때까지 참아내기. -나사론-

That's no excuse.
덴즈 　　　 노 　　　 익스큐즈

A : You are late again.
B : I'm sorry. I couldn't catch a taxi.
A : That's no excuse. You could have taken
　　the subway.
A : I thought it would take longer.

A : 너 또 지각이야?
B : 죄송합니다. 택시를 놓쳐서…
A : 변명이 되질 않아. 지하철 타고 왔으면 되잖아.
B : 지하철이 더 오래 걸릴 줄 알았거든요.

---

catch a taxi 택시를 잡다 　 excuse 부적합한 행동에 대하여 변명, 핑계,
Excuse me. 나에게 용서를 바란다. 　 could have +p.p 는 ~해야만 했었다

내가 알고 지내는 박후근 씨는 시립극장 음향 담당기사다.

고등학교를 마치고 대학을 진학할 무렵 부모님은 취직이 조금이라도 잘 될 수 있는 학과에 진학하기를 원했다. 그의 어머니는 들쭉날쭉 돈을 내놓는 아버지의 일이 싫으셨던지 따박따박 월급이 나오는 공무원이 최고라며 그에게 '행정학과'나 '법학과' 진학을 권했던 것이다. 하지만 그는 고교시절 내내 꿈꿔왔던 예술대학 방송과에 이미 합격한 상태였다.

"엄마의 반대가 심했죠." (My mom is against it.)

집안에서 한바탕 소동이 난 후에 간신히 입학을 하게 되었다. 대학 내내 자기가 원하던 노래도 작곡하고 영화 작업에 참여하며 그는 신나게 공부했다.

그 후 엄마가 간절히 원하던 대로 시립극장의 기술직 '공무원'이 되었다. 가끔 라디오에서 그가 작곡한 CM송이 흘러나온다.

37

마이 맘 이즈 어겐니스 잇
My mom is against it.

한번 들어가면 되나오기 없기, 끝장낼 때까지 침어내기, −나사론−

엄마가 반대하셔

My mom is against it.
마이   맘   이즈   어겐니스   잇

A : Do you want to marry her that bad?
B : Yes. She is too good for me.
    But my mom is against it.
A : Does she know about this?
B : Not yet.

A : 그녀하고 그렇게 결혼하고 싶어?
B : 네. 그녀는 나한테 과분해요. 근데 엄마가 반대하세요.
A : 그녀도 알아?
B : 아직은 몰라요.

---

against 반대하다 ↔ **for** 찬성하다   **marry** 결혼하다   **be married** 결혼한(상태), **get married** 결혼하다(동작)   **Not yet.** 아직도.

사교육을 없애야 한다고 떠드는 사람들이 신봉하는 평등교육의 본산 핀란드에서도 대학입시를 위해 과외를 받는다. (오마이뉴스(2010 .12. 17) 특히 의대와 법대는 이미 대학생인 선배에게 그룹 과외를 받지 않고는 입학이 힘들다고 한다.

외사촌의 고3 딸은 등급이 자꾸 떨어지자 족집게 과외를 받기로 했다. 과외선생은 그동안 자기가 지도해 일류대학에 입학했다는 학생 리스트와 특수교재라는 걸 내보이며 주 2회 90분에 수백만 원을 요구했다.

"제가 보증하겠습니다." (I give you my word.)

터무니없는 이런 특수 과외는 나 역시 철저히 반대한다. 하지만 나은 미래를 위해 또는 부족한 과목을 보충하기 위해 더 공부하겠다는 학생의 의지까지 싸잡아 매도하는 그들의 정책은 아무리 생각해도 이해하기 어렵다.

38

아이 기브 유 마이 워드
I give you my word.

한번 들어가면 되나오기 없기. 끝장낼 때까지 침아내기. —나사론—

내가 보증할게

I give you my word.
아이　기브　유　마이　워드

A : I think Brady was not just at the sight.

B : You mean he was really not involved
   in the fight.

A : Yes. I give you my word.

B : Alright then, let's go get Brady.

A : 제 생각에 브레이디가 싸움 현장에 없었던 것 같네요.

B : 그럼 우리 애가 싸움이랑 상관없다는 말씀이군요.

A : 네. 제가 보증하죠.

B : 그럴 거예요. 자 가서 브레이디에게 물어보자.

word 약속, 보증, 언질　sight[사이트] 현장　be involved in~관련이 있다
fight 싸움　alright [올라이트] 좋다

영어 학습에서 단어(어휘)의 중요성은 가히 절대적이라 할 수 있다. 단어를 공부한다는 것은 뜻, 발음, 철자뿐만 아니라 문장 내에서 단어가 어떻게 활용되는지 파악하는 것이다.

어렴풋이 외운 단어를 내 것으로 소화하는 게임을 해보자. 아이들이 일정량의 단어를 외우면 그 익힌 단어를 활용하여 '찢기 게임'을 한다. 절대 어렵지 않으니 함께 해보자.

"자, 내가 방법을 알려주지." (I will teach you how.)

A4 종이를 세로 쪽으로 잘라 4개로 만들어 나눠준다. 하나씩 받은 종이의 긴 쪽은 4번 접어 16개의 칸을 만든다. 16개로 접힌 각 칸에 16개의 단어를 나름대로의 순서로 적는다. 순서에 따라 아이들이 단어를 부르면 자기가 들고 있는 종이의 맨 위 또는 맨 아래에 단어가 있으면 찢어내면 된다.

당연히 제일 빨리 손을 터는 사람이 1등이다. 이 게임은 듣고 말하는 훈련 하기에 좋다.

아이 윌 터치 유 하우
I will teach you how.

내가
방법을 알려주지

I will teach you how.
아이   윌   티치   유   하우

A : Why don't we play "Yut-nori",
     the traditional Korean board game?
B : I don't know how to play.
A : I will teach you how.
B : Then, I'm in.

A : 윷놀이나 한판 할까?
B : 난 어떻게 하는지 잘 몰라.
A : 내가 방법을 알려줄게.
B : 한 번 해보지.

---

teach+사람 + how (to) 사람에게 방법을 가르치다. I don't know how to play. 어떻게 노는지 모른다. **traditional**[트러디셔널]전통적인

우리 가족은 2011년 새해 첫날 오산 독산성 세마대에 올라 떠오르는 해를 바라보며 소망을 빌었다. 성을 내려오면서 각자 무엇을 빌었는지 물어보았다.

"비밀인데…" 하면서 한 명씩 털어놓는다.

딸은 중학교에 가서 친구들과 잘 어울리고 성적도 잘 받았으면 좋겠다고 했다. 아들은 올해에는 컴퓨터 사용시간을 일주일에 3시간으로 늘려주었으면 한다는 소망이다. 그리고 아내는 살을 쪽 빼서 예전처럼 '미인'이란 소리를 듣고 싶다고 했다. 아이들이 엄마의 말을 듣고 '자뻑'이라며 까무라쳤다.

아빠 차례라며 아이들이 내게 소망을 묻길래, '가족과 여행 많이 다니는 것'이라고 하자 입을 맞춘 듯이 거든다.

"나둔데." (Same here.)

그래, 올해에는 자주 여행 가자.

세임 히어
Same here.

한번 들어가면 되나오기 없기, 끝장낼 때까지 참아내기. —나사론—

Same here.
세임 히어

A : I want to be a doctor.

B : There are different types of doctors.

B : I want to look after animals.
   I feel so sad when I see sick animals.

A : Same here.

A : 난 의사가 되고 싶어.

B : 의사도 종류가 많은데.

A : 난 동물들을 돌보고 싶어. 병든 동물을 보면 마음이 아프거든.

B : 그건 나도 그래.

Same here! 같은 뜻의 Me too. 보다 좀 더 격이 있음   look after 돌보다
sick 병든, 아픈   veterinarian〔베터리네어리언〕수의사

"왜 이렇게 늦었어? (Why are you so late?)

아들한테 슈퍼에 가서 라면 사오라고 시켰는데 한참만에 돌아왔다. 오는 길에 친구가 새로 산 스마트폰을 자랑해서 구경하다 늦었다고 한다. 과연 구경만 했을까 그걸로 게임 한 번 했겠지.

내 아버지는 6·25 전쟁이 일어나기 바로 전 황해도 신천에서 이남으로 피난을 내려오셨다. 학업을 중단하고 부모님을 떠나오며 어린 막내 여동생에게 '오빠, 금방 다녀올 게.' 라고 군산행 배에 올라탔다. 그곳에서 머지않아 돌아갈 희망으로 여동생을 주려고 꽃신을 사서 가슴에 품고 다니셨다고 한다.

아버지는 이산가족 상봉을 신청하고 몇 년째 기다리고 계신다. 상봉을 하면 이북에 있던 칠순 여동생이 울먹이며 이렇게 말할 거다.

"오빠, 왜 이렇게 오래 걸렸어." (What took you so long?)

아, 아, 통일이여 어서 오라!

왓 툭 유 소 롱
What took you so long?

잉글리쉬

왜 이렇게 오래 걸려?

What took you so long?

왓 톡 유 소 롱

A : What took you so long?
B : I am sorry for being late.
A : What happened?
B : I was tied up in a traffic jam.

A : 왜 늦었어?
B : 늦어서 죄송합니다.
A : 무슨 일 있어?
B : 교통체증에 꼼짝 못했어요.

late[레이트]늦다 happen[해픈]발생하다 ~be tied up 꼼짝 못하다
traffic jam 교통체증, 정체

'피카소'는 어느 여인에게 초상화를 그려주었는데 마치 아프리카 가면처럼 일그러진 얼굴이었다. 그녀가 따지자 피카소는 태연하게 대꾸했다.

"걱정 말아요. 훗날 이대로 닮을 테니까 …"

아이들을 데리고 우리나라 만화·애니메이션 관련 학과의 학생들이 참여하는 〈부천국제학생애니메이션축제〉에 다녀왔다.

가보니 행사장에 ㅅ대 만화과 학생들의 캐리커처 행사가 있어서 딸의 초상화를 부탁했다. 여학생 솜씨가 보통은 넘었다. 특징만을 꼭꼭 잡아 얼굴을 그리더니 가상의 바위 위에 앉혀놓았다. 딸은 얼른 달려와서 그림을 보았는데 예쁘지 않다고 투정이다.

당황하는 여학생에게 내가 미안하다고 하자,

"신경 쓰지 마세요." (Never mind.)

라고 한다. 지금 딸은 7살 때 캐리커처를 보며 웃는다. 피카소의 예언과는 정 반대로 되었기 때문일까?

42

네버 마인드
Never mind.

Never mind.
네버   마인드

A : Did you do what I asked to do this
      morning?
B : Oh, I forgot. What was it again?
A : Never mind. You always do this.
B : I'm sorry. I didn't mean it.

A : 내가 아침에 부탁한 거 했니?
B : 앗!! 잊었네, 뭐였지?
A : 됐어. 넌 항상 그런 식이야.
B : 미안해. 일부러 그런 건 아닌데.

Never mind. (=forget it!) 잊어   asked[에스트]ask (묻다)의 과거형   this
morning 오늘 아침   again [어게인→어겐]다시 오늘도 슬기가 학원에 오질 않았다. 그나마 가깝게 지낸다는 아이들에게 물었더니 신통한 대답은 들을 수 없다.

"난들 알 수 있나요." (I wish I knew.)

슬기를 찾아낸 곳은 예상 밖의 장소였다. 공부를 멀리하려는 아이가 서점에 있다니 정말 의아했다. 서점에만 오면 마음이 푸근하다는 그는 어릴 적 엄마의 손에 이끌려 이곳에 종종 왔었다고 한다.

'토포필리아' (topophilia) 라는 단어는 '장소'의 그리스 어원인 '토포' (Topo)와 '사랑'의 '필리아' (Philia)가 합쳐진 단어이다. '장소애' (場所愛)라고 종종 번역되는데 특정한 장소를 선호하고, 그 장소에 가면 편안함을 느끼는 곳을 말한다.

내가 주말에 이따금 사라져도 아내는 찾지 않는다. 박물관 미술관에서 일주일의 스트레스를 풀며 안식을 취하고 있음을 아내는 이미 알고 있다.

43

아이 워시 아이 뉴우
I wish I knew.

잉글리쉬

난들
알수있나

I wish I knew.
아이 위시 아이 뉴우

A : Your wife seems angry.
B : I thought that, too.
A : You must have done something.
　　What did you do?
B : I wish I knew.

A : 부인이 화난 것 같네.
B : 내 생각에도 그래.
A : 네가 뭔가 했었던 것 같은데 너 뭐했니?
B : 난들 아나요.

seem[씨임] 인 듯하다　thought[쏘트] think의 과거형　must have done
~해야 했었음에 분명하다(하지 않았다)　wish[위시] 원하다

수업에 빠지는 수강생들에게 나는 문자를 보낸다.

성인반의 경우에는 '오늘 야근' 또는 '오늘 회식' 등의 즉답이 오지만 학생들은 대답이 없거나 이해 못할 'ㄲㅠㅠ' 등의 이모티콘이 온다. 연락 없이 수업에 불참한 학생에게 연락하지 못한 이유를 따지면 열이면 아홉 여덟의 변명은,

"배터리가 나갔어요." (My battery is dead.)

금요일 오후 모임이 있다. 몸이 찌뿌둥해서 쉬고 싶었다. 한참 고민 끝에 인사만 하고 와야겠다는 마음으로 시동을 걸었더니 차가 꼼짝 안 한다. 바로 그때 총무로부터 '왜 안 오느냐'는 독촉 전화가 날아들었다.

"배터리가 나가서 안 되겠어."

"아니 이렇게 멀쩡하게 통화하면서 무슨 배터리가 나가?"

내 원참! 배터리가 핸드폰에만 있남.

마이 벳터리 이즈 데드
My battery is dead.

한번 들어가면 되나오기 없기. 끝장낼 때까지 참아내기. —나사론—

My battery is dead.
마이　　　　벳터리　　　이즈　　　데드

A : I have been waiting for you for 2 hours.
B : Oh, my mom visited me unexpectedly.
B : Why didn't you call me?
A : I'm sorry.
　　My battery was dead at that time.

A : 내가 널 2시간 동안이나 기다렸다.
B : 어머, 엄마가 예정에 없이 방문해서…
A : 그럼 왜 전화 안 했어?
B : 미안해. 그때 배터리가 나갔어.

My better is dead. dead 대신 out 도 가능　wait for ~를 기다리다
unexpectedly[언익스펙티들리]예상 밖에　at that time 그때

329

학교는 긴 겨울방학을 끝내고 개학을 했다.

주부들은 아이들의 아침밥을 챙겨주려면 다시 일찍 일어난다.

수업 중 고개를 끄덕거리는 수강생이 늘어났다.

성인은 보통 7~8시간 정도 수면을 취해야 한다. 잠이 부족하면 정신이 맑지 못할 뿐만 아니라 몸이 고단해 혈관노화와 심장발작 위험도 높아진다. 취침 후 3시간이 지나면 아이들의 성장호르몬이 집중 분비되는 것처럼 어른들에게도 세포회복이나 피부재생에 매우 소중한 것이 잠이다.

졸고 있는 수강생 때문에 휴식을 평소보다 일찍 가졌다. 한 주부는 자기가 먹고 잠에서 깨야 할 커피를 내게 내밀며

"죄송해요. 어제 밤 새워 영어 공부 하느라, 호호호."

휴식 후 새로운 마음으로 2교시 수업을 시작하며,

"잠 잘 주무셨습니까?" (Did you sleep well?)

잠은 역시 수업시간에 자는 게 최고!

45

디드 유 슬립 웰
Did you sleep well?

한번 들어가면 되나오기 없기. 끝장날 때까지 침아내기. ―나사론―

Did you sleep well?
디드 유 슬립 웰

A : Did you sleep well last night?
B : Yes, I did. But I'm still sleepy.
A : I read in the newspaper and it says the
  more you sleep, the sleepier you will get.
B : Are you serious?

A : 지난 밤 잘 잤니?
B : 네. 근데 아직 졸려요.
A : 신문에서 봤는데 잠은 자면 잘수록 더 졸리다고 하더라.
B : 그래요?

---

sleep 잠자다 sleepy 졸린 the more~ the sleeper 더~ 하면 더 졸린다 **Are you serious?** 진심이니?

"도대체, 아가리가 뭡니까?"

한창 영어 공부에 열을 올리고 있는 대학생 제자가 '리스닝'의 어려움을 호소한다. 상대방의 명령, 지시 등을 알았다는 뜻인데 '아이-갓-잇'이 우리 귀에는 '아가릿'으로 들린다.

'너 밥 먹었니?'라고 쓰지만 말할 때에는 '너 밤머건니?'라고 발음되는 우리말 원리와 같다. 앞 단어의 자음과 뒷 단어의 모음이 만날 때 떨어져 있는 단어들이 마치 한 단어처럼 함께 발음되는 연음현상(Link)이다.

Thank you.(땡크+유→땡큐), 항복하다란 의미의 give up(기브+업→기법), 응, 그래란 뜻의 Yes, it is.(에스+잇+이즈→에스, 이리즈)

이런 현상을 잘 알면 리바트 Livart(리브+아트), 조이너스(Join +us→Joinus)와 같은 브랜드도 쉽게 이해할 수 있다. 혹시 pick it up(픽-잇-업)을 '비켜라!'라고 들어도 어쩔 수 없다.

46

아이 갓 잇
I got it.

알겠어요

I got it.
아이 갓 잇

A : What is the book about?
B : It's about how to handle troubled kids.
A : I got it. You want to be a counselor.
B : That's right.

A : 그건 무슨 책이야?
B : 문제 학생 다루는 법에 관한 책.
A : 알았다. 너는 카운셀러가 되고 싶나 보네.
B : 그래. 맞았어.

I got it.=I understand. 이해하다, 알았다 handle 다루다 troubled kid[트러블드 키즈]문제아 counselor[카운셀러]조언자

"그렇지, 그 약국을 쭉 따라 들어오다 보면 오른쪽에 약국이 한 곳 더 있어. 간판에 커다랗게 '만병통치약국'이라고."

"아냐, 아냐, 2번 출구를 나와서 오른쪽으로 외국어학원이 있고, 그곳에서 좌측으로 돌면, 노란 간판의 수학학원이 보여?"

빵집하는 친구, 안경점하는 친구, 건물 관리하는 친구, 공무원인 친구 등 직업에 따라 길을 알려주는 방법도 가지가지다.

"어떻게 그곳에 가?"(How can I get there?)

길을 잘 못 찾는 방향치인 나를 위해 장례지도사인 정철이가 전화를 되받아 안내한다.

"야야, 아까 그 건물에서 곧장 오면 7층짜리 병원이 있당게, 접때 연쇄살인사건 피의자 5명 안치됐던 곳 안 있냐?"

뭐야, 장례식장으로 날 초대하는 거야?!?!

나이 들면 동창회 모임도 장례식장에서 하는 거야, 뭐야?

47

하우 켄 아이 겟 데얼
How can I get there?

한번 들어가면 되나오기 없기, 끝장날 때까지 침아내기. —나사론—

거기 어떻게 가?

How can I get there?
하우 켄 아이 겟 데얼

A : I'd like to go to Gyeongbok Palace.
    How can I get there from here?
B : You can take a bus, but the road will be
    very busy.
A : Then what is the fastest way to get there?
B : You can take the subway.

A : 경복궁에 가려고 하는데 여기서 어떻게 가죠?
B : 버스를 타도 되지만 길이 많이 막힐 겁니다.
A : 그럼 가장 빠르게 가는 방법은 무엇인가요?
B : 지하철을 타세요.

---

get 도착하다, 다다르다   palace[펠리스]궁전   take a bus 버스를 타다
the fastest[더 훼스티스트] 가장 빠른(fast 의 최상급)

미국인이라고 해서 능수능란하게 영어를 쓰고 말할 수 있는 것은 아니다. 몇 줄 되지도 않는 우리말 일기를 썼다 지웠다를 반복하는 어린이들을 봐라. 작은 모임에서 한 마디 하려고 해도 얼굴을 붉히며 떠듬거리는 사람을 봐도 알 수 있지 않는가?

"부탁이 있는데요?" (Would you do me a favor?)

학교 영자신문에 기재할 원고를 청탁하면 잭은 일주일 내내 내 눈에 뜨이질 않는다.

'To be, or not to be, that is the question.'

(존재할 것이냐, 존재하지 않을 것이냐, 그것이 문제로다.)

햄릿의 대사를 나는 줄줄 외우지만 그는 한 줄(line)도 모른다. 하지만 잭은 나보다 랩(rap)과 위스키를 훨씬 더 잘한다.

48

우드 유 두 미 어 훠이버
Would you do me favor?

잉글리쉬

Would you do me a favor?
우드 유 두 미 어 훠이버

A : Would you do me a favor?
B : What is it?
A : I have to e-mail my professor, but my
   computer doesn't work.
   Can I use your computer now?
B : Why not.

A : 부탁이 좀 들어줄래?
B : 뭔데?
A : 교수한테 이메일을 보내야 하는데 내 컴퓨터가 고장났거든.
   네 컴퓨터 좀 사용해도 될까?
B : 물론이지.

Would you do me a favor? = May I ask you a favor?   professor[프로페
서] 교수   work (기계)작동하다   why not 물론이지

Somewhere, over the rainbow, skies are blue
무지개 너머 어딘 가에, 하늘은 푸르고
And the dreams that you dare to dream
감히 꿈꾸는 일들이
Really do come true
실제로 이뤄지는 곳이 있어요.

사람은 살아가며 끊임없는 선택을 요구 받는다. 그리고 우리가 선택하지 않은 일에 대해 후회와 동경을 한다. 무지개 저편에 온갖 고민거리도 레몬 사탕처럼 녹아버리는 이상향이 있을 거라는 희망.

그 당시 H대 영문학과를 쓰지 않았더라면, 그때 K사를 그만 두지 않았더라면, 정녕 멕시코 출신 그녀를 놓치지만 않았더라면.

짜장면이냐 짬뽕이냐? 후라이드 치킨이냐 양념 치킨이냐? 된장찌개냐 김치찌개냐? 비록 사소한 일을 할 때도 신중에 신중을 기해야 한다.

"자, 어느것?" (Which one?)

위치 원
Which one?

OMG
잉글리쉬

어느
것을 원하세요?

Which one?
위치   원

A : Look, there are so many flowers here.
B : Which one do you like?
A : I like the red rose.
B : You mean the red one in the green
    basket?

A : 보세요. 여기 꽃이 많이 있어요.
B : 어느 것을 좋아하세요?
A : 나는 **빨간** 장미를 좋아해요.
B : 초록바구니에 있는 **빨간** 장미 말씀하는군요?

---

flower〔플라워〕꽃(flour 밀가루 발음이 같다)   basket 〔베스킷〕바구니
basketball 농구   roes〔로―즈〕장미

보통 성인 남성은 음식을 2300~2500칼로리, 여성은 2000~2200칼로리를 섭취한다. 다이어트 하는 사람은 양을 줄여서 남성은 1800~2000, 여성은 1500~1800 정도가 좋다고 한다.

우리 가족 중에 다이어트 이론 박사인 누나는 음식의 칼로리를 줄줄 꿴다. 심지어 음식을 먹을 때마다 얘기해 준다. 김밥은 475칼로리, 족발은 250, 삶은 달걀은 100, 불고기는 50, 깍두기 250… 바람직한 다이어트의 방법을 누구 못지 않게 잘 아는 누나는 아이러니컬하게도 이렇게 말한다.

"아직도 다이어트 중이야." (I'm still on a diet.)

서울 집에 갔던 지난 주말. 저녁으로 카레라이스를 먹고 있는 누나를 향해 줄리가 소리쳤다.

"고모! 750칼.로.리."

살살해라, 줄리야!

50

아임 온 어 다이어트
I'm on a diet.

잉글리쉬

저 지금
다이어트 중이에요

I'm on a diet.
아임 온 어 다이어트

A : Do you want some more?
B : No, thanks. I'm on a diet.
A : You're right. Since two years ago.
B : I'm serious.

A : 더 먹을래?
B : 괜찮아. 나 다이어트중이야.
A : 그래. 너 2년 전부터 다이어트 하고 있지.
B : 이번엔 진짜야.

diet[다이어트]식이요법, 일상의 음식물   since[신스] 이래, 이후부터
serious[시리어스]진지한, 중대한

조카 줄리의 고등학교 반에 SAT 만점을 받은 학생이 있다.

게다가 거의 완벽에 가까운 내신 성적이지만 명문 대학교로부터 불합격 통지를 받았다는 것이다. 그의 원만하지 않은 교우관계가 추천서에서 드러났고 봉사활동과 특별활동이 없었기 때문이란 것이다.

미국 대학들은 학과 공부만을 중요하게 하지 않고 사회를 위한 봉사, 교우관계에 관한 기록 등도 눈여겨본다고 한다.

우리도 '입학사정관제'를 내세워 학생 선발을 한다. 좋은 취지로 시작한 제도가 시간이 지나면서 자칫 왜곡되지 않을까 걱정이다. 학기 중엔 시간이 아깝다며 방학 때에 해외봉사 나가는 팀이 있다. 일부이겠지만 해외에 가서는 아이는 공부하고 부모가 대신 봉사에 참여한다는 후문이다.

51

하우 두 아이 싸인 업
How do I sign up?

How do I sign up?
하우　　　두　아이　싸인　　업

A : How do I sign up for volunteer?
B : Fill this form out and bring it back
　　anytime.
A : Any time?
B : Yes, we're here 24 hours.

A : 자원봉사 신청하고 싶은데 어떻게 하면 되나요?
B : 먼저 이 신청서를 작성해 오면 됩니다.
A : 아무 때나요?
B : 네. 24시간 열려 있어요.

sign up[사인업] 등록하다=regist [레지스트]　fill out 채워넣다　form [폼]
양식, 형식　anytime 언제든지

학교를 가던 회사를 다니건 마감일의 공포는 누구나 피할 수 없다. 학원 내 시험 때문에 눈코뜰새 없는데다 대학원 과제물까지 이번 주에 써내야 하니 갑자기 머리가 지끈지끈 아파온다.

'나만 그런 건 분명 아닐 텐데.'

만화가 후배는 원고 마감날이 다가오면 그림 그리는 시간보다 오히려 술친구를 찾아다니는 횟수가 잦아진다고 한다. 일단 사두면 돈 된다는 귀띔에 상가를 덜커덩 구입한 친척은 대출이자 내는 날이 다가오면 이곳저곳에 전화하기 바쁘다.

"삼촌, 더 이상 못쓰겠어."

같이 책을 쓰고 있는 조카 줄리가 지친 목소리로 전화한다.

"월요일까지다." (It's due on Monday.)

원고 독촉에 완전히 지쳤나 보다.

52

잇츠 듀 온 먼데이
It's due on Monday.

It's due on Monday.
잇츠　　듀　　온　　　　먼데이

A : Does it have a due date?
B : Yes, it's due on next Monday.
A : It means we need this for our next
　　meeting.
B : That's right.

A : 이거 언제까지 해야 하는 건가요?
B : 네. 다음 주 월요일이오.
A : 그럼 다음 회의 때 그게 필요하단 말씀이군요.
B : 그렇죠.

due[듀]하기로 되어 있는(due date 만기일)　need[니드] 필요하다　It
means S+V~ S+V란 말씀이군요

파티 사진을 보고 놀라는 내게 조카 줄리가 들려준 얘기다.

고등학교 때부터 가장 친한 친구인 나이지리아 출신 피싸요는 흑인 중에서도 정말 검은 편에 속한다.

하루는 자고 있는데 인기척이 나 깨어나 보니 시커먼 물체 속 흰 무엇인가 그녀를 향해 다가오고 있었다. 무서운 호러 영화 장면이 상상하고 있는데 그 미확인 물체가 다가와 말을 건다.

"Julie, are you sleeping?"(줄리, 너 자니?)

잠결에 줄리가 본 것은 그 친구의 자체발광 흰 치아.

중, 고, 대학교 학창 시절의 추억을 고스란히 함께한 친구는 지금 카리브의 한 대학 병원에서 공부를 계속하고 있다고 한다.

지난 날 크레파스의 '살색'은 이제는 '살구색'으로 바뀌었다.

생각해 보면 그 살색이 얼마나 인종차별적인 냄새가 풍기는 이름이었던가.

53

왓 컬럴 이즈 디스
What color is this?

What color is this?

왓　컬러　이즈　디스

A : Excuse me. What color is this?
B : I believe it's green. Are you Okay?
A : I'm Okay. I'm just a color blind.
B : Oh, I see.

A : 이게 무슨 색이죠?
B : 녹색요. 괜찮으세요?
A : 괜찮아요. 색맹이라 잘 구별이 안가는 거예요.
B : 아, 그렇군요.

color[컬러] 색깔　believe [빌리브]믿다, ~라고 생각하다(=think)　color blind[컬러 블라인드] 색맹

프로타고라스의 여러 제자 가운데 유아트루스는 꽤 총명한 젊은이였다. 그는 수업료의 반만을 내고 나머지는 나중에 사회에 나가 변호사가 되면 내겠다고 했다.

제자는 분명 실력을 갖고 있으면서 변호사가 못되었으니 수업료의 반을 내지 못하겠다고 했다.

법정에서 서로를 변호하게 되는데 스승인 프로타고라스는 '만약 자네가 이 재판에서 지면, 졌으니 돈을 내고 이기면 변호사로서 충분한 자질을 갖추었다는 증명이니 돈을 내라.' 고 했다. 이에 맞서 제자는 '제가 이기면 이겨서 당연히 안 내고, 지면 스승님께서 절 잘못 가르쳤다는 증거이니, 나머지 수업료도 낼 필요가 없지 않습니까?' 라고 했다고 한다.

제가 두 철학자 분에게 묻겠는데요,

"도대체 무슨 말씀이신지?" (What do you mean?)

왓 두 유 민?
What do you mean?

한번 들어가면 되나오기 없기. 끝장낼 때까지 참아내기. —나사론—

무슨 말이야?

What do you mean?
왓 두 유 민

A : I don't see Jenny and Tod in their room.
B : What do you mean?
A : They sneaked out!
B : I will call them right now.

A : 여보, 제니랑 타드가 방에 없어요.
B : 무슨 말이야?
A : 몰래 나갔다구요!
B : 내가 당장 전화해 볼게.

mean[민] 의미하다   sneak[스니크] 몰래 움직이다   sneak out 도망치다 점점 튀어나는 복부비만이 걱정된다.

소위 '나잇살'이라고 단순히 치부하기에는 심각한 정도다. 일주일에 3번 정도 운동하기로 했다. 그날은 너무 더워 퇴근 후 아파트 둘레 길을 걸으며 운동을 하는데 우연히 옆 단지에 사는 형님과 줄리를 만나게 되었다.

"어디 다녀오세요?"

저녁 식사 때 돼지고기를 과식하여 속이 더부룩해서 벌써 1시간째 산책 중이라고 한다.

그러고 보니 언젠가 줄리가 자기 집 주방 서랍장에는 마농의 샘처럼 끊이지 않는 게 있다고 했다. 이름하여 '까스할(?)명수'.

어둠이 깔리는 저녁 주방에서 아빠와 자기가 부딪친 적도 종종 있다고 한다. 맛있는 음식을 눈앞에 두고 절제해야 하는 고통은 어른이라도 무척 힘들다.

아임 쏘우 스터프드
I'm so stuffed.

한번 들어가면 되나오기 없기. 끝장날 때까지 참아내기. ―나사론―

배불러 죽겠어

I'm so stuffed.

아임 쏘우 스터프드

A : Angie, do you want some more fried rice?
B : No, thanks. I'm so stuffed.
A : What about your favorite dessert,
　　Tiramisu!
B : Now, it's a different story.

A : 엔지야 볶음밥 더 먹을래?
B : 아니 괜찮아. 배불러 죽겠어.
A : 네가 제일 좋아하는 티라미수 케익도 있는데, 안 먹을 거야?
B : 그럼 얘기가 달라지지.

fried rice 볶음밥　　stuff [스터프] (음식을)채워넣다, stuff oneself 과식하다
dessert[디저트]